Zu diesem Buch

Fast drei Jahre hat Gisela Frese-Weghöft in einer kleinen konservativen Stadt der Arabischen Republik Jemen gelebt und gearbeitet. Als Entwicklungshelferin sollte sie im Rahmen einer Alphabetisierungskampagne Mädchen und Frauen im Fach Hauswirtschaft unterrichten. Auf welche unvorhersehbaren Schwierigkeiten sie dabei in einer so gänzlich anderen Kultur als der unseren stoßen würde, welche Tabus und Hindernisse ihre Arbeit erschweren sollten, davon ahnte sie vorher nichts: wie schwierig es war, Unterrichtsräume an einem Ort zu finden, zu dem die Frauen gelangen konnten, ohne öffentliche Plätze überqueren zu müssen, an denen sie den Augen der Männer preisgegeben wären; welche Mühe es kostete, den Vätern und Ehemännern die Erlaubnis für den Schulbesuch der Frauen und Töchter abzuringen; in welche familiären Zerreißproben gerade jene Frauen gerieten, die neugierig auf das Lernen geworden waren und den ersten zaghaften Widerstand gegen die Unterwerfung unter ein von Männern bestimmtes Lebensschicksal wagten.

Verborgen unter dem schwarzen Scharschaff, den sie nur in Gegenwart anderer Frauen oder engster Familienmitglieder lüften dürfen, wird das Leben dieser Frauen öffentlich nicht sichtbar. Durch ihre engen Beziehungen zu den Frauen erfuhr Gisela Frese-Weghöft ihre Geschichten, die sie in diesem Band erzählt: von der sechzehnjährigen Carima und ihrer traumatischen Angst vor ihrer vom Vater verordneten Hochzeit; von der zunehmenden sozialen Isolation, in die Feisa geriet, weil sie ihrem Mann davonlief, von Cherias mühsamen und angstbeladenen Schritten in die Selbständigkeit. Sie ließ sich erzählen, wie streng jene bestraft wurden, die die Gebote des Korans mißachteten, wie einsam das Leben jener Frauen war, gegen die der Mann die Scheidung aussprach, weil sie eine Zweitfrau nicht akzeptieren wollten, und wieviel Mut die wenigen Frauen aufbringen mußten, die sich um ihrer Ausbildung willen einer frühen Heirat widersetzten. Aber sie lernte auch die Lebendigkeit, die soziale Aufgehobenheit und das Heimatgefühl, die Lebensfreude in dieser Frauenwelt kennen, in der Geburt, Feste, Tänze, Gespräche, Essen sich in völliger Trennung von der Welt der Männer abspielen.

Als Ausländerin hatte sie das Privileg, Grenzgängerin zwischen diesen beiden Kulturen sein zu dürfen: sie war die einzige Frau, die auf dem Markt einkaufen durfte, allein Spaziergänge machen konnte, sich nicht bis auf die Füße verschleiern mußte. Um die Zuneigung und das Vertrauen der Jemeniten zu gewinnen, mußte sie viele alltägliche westliche Freiheiten aufgeben. Sie durfte als alleinstehende Frau keine eigene Wohnung mieten, Männer nur im Beisein anderer empfangen und mußte sich wie alle Jemeniten dem Rhythmus das Ramadan, der Fastenzeit, unterwerfen, in der das Leben erst nach Einbruch der Dunkelheit beginnt.

Gisela Frese-Weghöft, geb. 1953, studierte Englisch und Hauswirtschaftslehre und war insgesamt knapp siebeneinhalb Jahre als Entwicklungshelferin – zunächst im Jemen, später in Zimbabwe – tätig. Sie ist heute Lehrerin in Bremen. 1991 erschien von ihr bei Frauen aktuell: «Frauen tragen schwer. Vom Alltag der Frauen in Zimbabwe» (12899).

Gisela Frese-Weghöft

Ein Leben
in der Unsichtbarkeit

Frauen im Jemen

Rowohlt

rororo aktuell – Herausgegeben von Ingke Brodersen
Originalausgabe

21.–23. Tausend April 1993

Veröffentlicht im Rowohlt Taschenbuch Verlag GmbH,
Reinbek bei Hamburg, April 1986
Copyright © 1986 by Rowohlt Taschenbuch Verlag GmbH,
Reinbek bei Hamburg
Alle Rechte vorbehalten
Umschlagentwurf Werner Rebhuhn (Foto: Gesche-M. Cordes)
Satz Times (Linotron 202)
Gesamtherstellung Clausen & Bosse, Leck
Printed in Germany
990-ISBN 3 499 15645 8

Inhalt

Vorwort

Zweieinhalb Jahre war ich als Entwicklungshelferin in der Arabischen Republik Jemen tätig. Ich unterrichtete Mädchen und Frauen in Ernährungslehre, Gesundheitserziehung und Babypflege im Fach Hauswirtschaft. Die Ausbildungskurse fanden in Verbindung mit einer Alphabetisierungskampagne statt. Während dieser Zeit bildeten sich enge Kontakte zu den Frauen und Mädchen heraus, und ich erfuhr die Geschichten ihres Lebens, von denen einige in diesem Buch erzählt werden.

Der Nordjemen ist ein sehr vielfältiges Land. Die unterschiedlichen geographischen und klimatischen Zonen haben die Menschen geprägt, die sich deshalb in ihren Sitten, ihrem Aussehen und ihrer Lebensweise von Region zu Region unterscheiden. Entlang der Küste von Süd nach Nord liegt der flache, subtropische Küstenstreifen (Tihama) mit Tagestemperaturen bis zu 50 Grad Celsius im Sommer. Die Menschen, die hier leben, sind teilweise Nachfahren der Sklaven aus früheren Jahrhunderten, die ursprünglich von der gegenüberliegenden Seite des Roten Meeres aus Somalia, Äthiopien oder dem Sudan stammen. Heute sind sie alle jemenitische Staatsbürger, die sich aber nicht nur durch ihre Hautfarbe, sondern auch in ihrer Lebensweise voneinander unterscheiden.

Die Frauen in Tihama sind in der Regel nicht verschleiert, verdekken aber ihr Haar, wie es der Islam vorschreibt, durch kunstvoll geschlungene Tücher. Die Sitten der Tihama orientieren sich am Islam, so wie im ganzen Land. Es sind jedoch auch afrikanische Traditionen zu finden, wie zum Beispiel Klitorisbeschneidungen bei Frauen. Diese Sitte gibt es im übrigen Jemen (A. R.) nicht.

Der Wüstenstreifen, der sich im Osten von Süden nach Norden erstreckt, markiert den Beginn der Großen Arabischen Wüste, der Rubba al Chali, und ist nur dünn besiedelt. In diesem Gebiet finden sich Überreste antiker Königreiche, wie des bekannten Königreichs Saba (8. Jh. vor Chr. bis ca. 542 n. Chr.). Viele jemenitische Mädchen tragen noch heute mit Stolz den Namen Bilgis, den die Königin von Saba trug, oder sie heißen Arua (Arwa) nach der Königin,

Wüste im Osten des Nordjemen

die bis zu ihrem Tode (etwa 1138 n. Chr.) Führerin einer islamisch-ismaelitischen Dynastie war.

Ein gewaltiger Staudamm (bei Marib) machte es zur Zeit der Königin Bilgis von Saba möglich, den Wüstenstreifen landwirtschaftlich zu nutzen. Alte Schriften berichten vom Reichtum und von der Schönheit des Sabäischen Königreichs. Nach dem Bruch des Staudammes, um etwa 542 n. Chr., versandete der größte Teil des fruchtbaren Landes, das heute nur noch einige Oasen aufweist. Nur noch wenige Überreste der alten Kultur, wie zum Beispiel eine Tempelanlage, ragen aus dem Wüstensand. Der Rest ist darunter verborgen und konnte bis heute nicht ausgegraben werden.

Die meisten Jemeniten leben im Hochland, wo auch ich in diesen zweieinhalb Jahren gelebt und gearbeitet habe. Der Gebirgsstreifen erstreckt sich vom Südjemen (Volksrepublik) durch den ganzen Jemen (A. R.) bis nach Saudi-Arabien hinein. Über weite Strecken ist er zwischen 1400 m und 2400 m hoch. Überall, wo sich durch Regenwasserläufe (Wadis) und größere Niederschlagsmengen günstige landwirtschaftliche Bedingungen ergeben haben, sind kleine Ansiedlun-

8

Auf großen Teilen des Hochlandes wird seit Jahrtausenden
Terrassenlandwirtschaft betrieben.

gen zu finden. Das Bergland ist mit vielen kleinen Dörfern dicht besiedelt. Durch die abgelegenen Gebiete ziehen noch heute Beduinen-
stämme. Seit Jahrtausenden haben die Bergbauern entlang der Wadis
mühevoll und mit großem Geschick Terrassen und Bewässerungssy-
steme angelegt, um das Bergland fruchtbar zu machen.

Unterstützt wird diese Form der Landwirtschaft durch die klimatischen Verhältnisse in den Bergen, wo es in der Regel 10–15 Grad
Celsius kühler ist als in der heißen Tihama oder im Wüstenstreifen.

Durch den Terrassenanbau wird der Mutterboden auf den Bergen
festgehalten, die sonst überall sehr karg sind. Nach jeder Regenperiode ist eine Reparatur der aufgeschichteten Steinwälle notwendig,
und die kleinen Flächen, von denen manche nur ein bis zwei Meter
breit sind, lassen den Einsatz von Maschinen nicht zu.

Viele Söhne der Familien arbeiten heute nicht mehr in der eigenen
Landwirtschaft, sondern in Saudi-Arabien oder am Golf, wo der Öl-
reichtum Arbeitsplätze geschaffen hat. Dies führte zum Rückgang
der eigenen Landwirtschaft, und bereits heute sind einige Terrassen
verfallen oder vom Verfall bedroht. Einmal zerstört, können sie kaum

9

jemals wiederaufgebaut werden, weil Regen und Wind die Erde abträgt und nur kahle Felsen zurückbleiben.

Weil die Männer fort sind, arbeiten die Berglandfrauen mehr, als dies früher üblich war, in der Landwirtschaft mit. Ihre Bewegungsfreiheit ist deshalb auch größer als die der Stadtfrauen. Durch die Landarbeit, die sie zusätzlich zu den ständigen Schwangerschaften und der Hausarbeit leisten, sind sie allerdings auch körperlich stärker belastet. Zeit für Schulbildung bleibt den wenigsten von ihnen. So ist die Analphabetinnenrate auf dem Land sehr viel höher als in der Stadt oder in größeren Orten. Hinzu kommt, daß es äußerst schwierig ist, in jedes noch so abgelegene Bergdorf Schulen und Gesundheitsversorgung zu bringen, was das erklärte Ziel der jemenitischen Regierung ist.

Die Bergstämme waren in der Vergangenheit durch ihre schwer erreichbaren Dörfer sicherer vor den verschiedenen Besatzungsperioden als die Küstenbewohner. Sie konnten während der osmanischen Zeit (Besetzung zu zwei Zeitpunkten: um 1538 und zwischen 1849 und 1918) zum größten Teil nicht eingenommen werden. Ebenso gelang es den Ägyptern (1832) nur, den Küstenstreifen zu erobern.

Die Kämpfe gegen Besatzungsmächte, aber auch die vielen kleinen Stammeskriege untereinander haben die Bergmenschen geprägt. Sie sind stolz und fühlen sich unabhängig, in erster Linie ihrer Familie und ihrem Stamm verbunden. Diese Denkweise erschwert es der jemenitischen Regierung, nationale Belange wie beispielsweise Steuern durchzusetzen.

Die Unabhängigkeit der Bergstämme symbolisiert sich auch in ihren Häusern, die wegen der ausgefallenen Architektur weltberühmt sind. Lange bevor in westlichen Ländern jemand daran dachte, Hochhäuser zu bauen, entstanden bereits die Wohnburgen der Bergstämme im nördlichen Hochland. Noch heute werden sie im traditionellen Stil gebaut, und die meisten Personen dieses Buches leben in solchen Häusern. Die Bausubstanz Lehm wird in breiten Schichten aufgetürmt. Die Lehmhochhäuser wirken von außen schlicht und verschlossen, weil sie zum Schutz vor kriegerischen Bedrohungen, vor Sonne und Staub und vor der Kälte der Nacht nur sehr kleine Fenster haben. In den ersten beiden Etagen fehlen die Fenster meist völlig und werden erst im vierten Stockwerk etwas größer. Die großen Fenster weisen auch Verzierungen auf, jedoch sind sie schlicht im Vergleich zu den kunstvollen Bemalungen, die auf den Lehmhochhäusern

Wie ein Traum aus Tausendundeiner Nacht – Architektur der Hauptstadt Sanaa.

der Hauptstadt Sanaa zu finden sind. Dort sind die Fundamente meist aus behauenem Stein, und südlich der Hauptstadt trifft man fast ausschließlich auf Hochhäuser aus handgeschlagenem Stein. Die Architektur ist jeweils der Umgebung angepaßt und verwendet die lokal verfügbaren Baustoffe. Die Neuzeit bringt leider weniger schöne Bauelemente durch Beton und Zement hinzu.

Die Frauen der Bergregion sind, wenn sie sich öffentlich zeigen, unterschiedlich verschleiert. Je nach Region finden sich schwarze oder bunte Tücher, mal sind die Frauen völlig eingewickelt, mal nur der Oberkörper.

In der Stadt oder auch in größeren Orten hat sich der schwarze «Scharschaff» eingebürgert, der durch das Osmanische Reich in den Jemen kam. Der «Scharschaff» besteht aus einem langen schwarzen Faltenrock und einer schwarzen Pelerine, die den Kopf und Oberkörper bis zur Taille umgibt. Unter der Pelerine wird der Kopf fest in ein anderes schwarzes (oder buntes) Tuch eingewickelt, das nur einen Augenschlitz frei läßt und abschließend durch zwei Lagen Chiffon (schwarz) ergänzt wird, die zusätzlich über die Augen und das ganze Gesicht fallen. Darunter versteckt, bewegen sich die Frauen in der Öffentlichkeit. Von weitem sehen sie wie ein einziges schwarzes Gebilde aus.

Dorffrauen sind besonders bei der Feldarbeit weniger verschleiert. Sie tragen dabei meist ein größeres schwarzes Baumwolltuch über dem eingewickelten Gesicht, das sie bei der Arbeit zurückschlagen. Erst wenn fremde Männer in der Nähe sind, verschleiern sie sich mit dem großen Tuch.

Die Männer der Bergstämme sind bis heute stark bewaffnet. Jeder trägt einen Dolch (Djambia) vor dem Bauch, und die meisten haben ein Maschinengewehr umgehängt, das ebenfalls zur Kleidung gehört wie der Männerrock (Futa) oder das Männerkleid. Dieses Aussehen charakterisiert die Bewohner der nördlichen Bergregion, bei denen ich lebte. In der Hauptstadt Sanaa ist das Tragen von Waffen verboten. Eine Ausnahme bildet der Dolch, weil er ein Symbol der Manneswürde ist.

Bis zur Revolution 1962, in der die religiöse Monarchie gestürzt und das Land zur Republik wurde, war der Jemen (A. R.) westlichen Einflüssen völlig verschlossen. Dadurch haben sich bis heute mittelalterliche Strukturen und Sitten erhalten, wie sie in anderen arabischen Ländern kaum noch zu finden sind. Auch wenn die Revolution bessere Gesundheitsversorgung und Bildung für breite Schichten der Bevölkerung, vor allem für Frauen, gebracht hat, die die jemenitische Regierung mit internationaler Unterstützung durchzusetzen versucht, so machen sich heute doch auch die Nachteile der damit verbundenen Öffnung für westliche Einflüsse allmählich bemerkbar. Das Wort «orientieren» in unserem westlichen Sprachschatz bedeutete, sich nach dem Orient auszurichten, der zu Zeiten seiner kulturellen Höhepunkte unsere Welt beeinflußte. Verdanken wir doch ganze Bereiche der Wissenschaft wie Algebra oder Alchemie orientalischen Gelehrten. Heute richtet sich der Orient nach dem Westen aus, und das bringt ihm nicht in jeder Hinsicht eine Verbesserung. Ein Beispiel ist die Landwirtschaft, die vor der Revolution 80 Prozent der Nahrungsversorgung des Landes übernahm und heute um die Hälfte zurückgegangen ist. Dafür finden sich viele westliche Nahrungsmittel in den kleinen Läden und auf den Märkten. Der Verfall der landwirtschaftlichen Terrassen ist nur eine Folge davon. Eine viel gravierendere Folge ist der Tod von Säuglingen, die mit importiertem Milchpulver ernährt werden.

Die Verwendung von Milchpulver mit verschmutztem Trinkwasser führt zu lebensgefährlichem Durchfall der Säuglinge. Das Trinkwasser ist jedoch nur in sehr wenigen Orten einwandfrei. Die meisten Küchen bieten nicht die notwendigen hygienischen Voraussetzungen, um Babyflaschen steril zu reinigen, aufzubewahren und um Babynahrung zu kochen. Hinzu kommt die Unwissenheit der Frauen über den richtigen Umgang mit Milchpulver. Die meisten Frauen können nicht lesen und wissen deshalb nicht, was die Gebrauchsanweisung auf dem Milchpulverpaket rät. Sie mischen die Milch nach dem Aussehen. Entspricht sie der Farbe von Muttermilch, nehmen sie an, die Konzentration sei richtig; Pulvermilch muß jedoch dickflüssiger sein. Als Folge dieser falschen Zubereitung kommt eine Unterernährung der Babies hinzu, die bereits vom Durchfall sehr geschwächt sind. Oft mußte ich solche Babies mit faltiger, ausgetrockneter Haut sehen, neben denen noch eine schmutzige Flasche mit säuerlich riechender Milch lag. Unter den derzeitigen Gegebenheiten ist eine Verwendung von Milchpulver nicht nur gesundheitsschädlich, sondern führt oft zum Tod der Kinder. Die Frauen denken jedoch, daß sie ihrem Kind mit dem ausländischen, teuren Produkt etwas Gutes tun, und stillen deshalb nicht mehr. Ebenso wie sie Kekse in Wasser auflösen und dieses gekaufte Produkt für besser halten als den Brei aus einhei-

Nur im Fernsehen ist die Werbung für Milchpulver verboten.

mischem Vollkorngetreide. In meinem Unterricht hatte ich deshalb nicht nur gegen gesundheitsschädliche Traditionen zu argumentieren, sondern auch gegen den Schaden, den westliche Produkte anrichten.

Viele der Söhne des Landes arbeiten im Ausland und schicken ihrer Großfamilie Devisen nach Hause, durch die die Jemeniten zu potentiellen Konsumenten für westliche Produkte werden, mit denen sie noch weniger kritisch umgehen können als die westlichen Verbraucher. Der Handel und Schmuggel mit Waren aus dem Ausland ist ein weiterer großer Erwerbszweig der Menschen, und durch die Verfügbarkeit von Waren entstehen Bedürfnisse, die es früher nicht gab. So erlebt die Absatzindustrie für Fernseher, Videogeräte, Toyotas oder westliche Frauenkleidung zur Zeit einen Boom.

Der Jemen (A. R.) ist ein ungewöhnliches Entwicklungsland, durch den relativen Reichtum der einzelnen Bürger und die Armut der Staatskasse, für die nur schwer Steuern einzutreiben sind. Obwohl das Land nach internationalen Kriterien immer noch zu den am wenigsten entwickelten Ländern (LLDC) gehört, ist es nur schwer

Ein beliebtes Schmuggelgut, das über Saudi-Arabien ins Land kommt.

vergleichbar mit anderen Ländern der gleichen Kategorie. Die Einstufung LLDC (Least Developed Country) richtet sich u. a. nach dem Bruttosozialprodukt, der Infrastruktur, der Alphabetisierungsrate und der Kindersterblichkeit.

Nach Angaben der UNICEF beträgt die Kindersterblichkeit bis zum Alter von fünf Jahren 50 Prozent, und die Alphabetisierungsrate der Frauen liegt mit höchstens 5 Prozent extrem niedrig. Die Männeralphabetisierungsraten sind wesentlich höher, doch auch unter ihnen sind mehr als die Hälfte nicht ausreichend des Lesens und Schreibens kundig.

Die Zahlen sind jeweils ungefähre Richtwerte, ebenso wie die Einwohnerzahl des Jemen (A. R.) von sieben Millionen eine hochgerechnete Zahl ist. Geburten und Todesfälle werden nicht registriert, und deshalb sind alle davon abgeleiteten Zahlen der Bevölkerungsstatistik relativ.

Bei seiner Mitarbeit in Entwicklungsländern räumt der Deutsche Entwicklungsdienst (DED) den LLDC-Ländern Prioritäten ein, und die Grundsätze und Kriterien des DED formulieren außerdem, daß

Zwei Tihamafrauen und eine Hochlandfrau

der Schwerpunkt der Mitarbeit in dem Bemühen liegen soll, die Lebenssituation armer und benachteiligter Bevölkerungsgruppen zu verbessern. Deshalb wird im Jemen (A. R.) hauptsächlich im Basisgesundheitswesen und im nonformalen Bildungsbereich mitgearbeitet. In abgelegenen Gebieten arbeiten Hebammen, Krankenschwestern und Pfleger sowie Laborpersonal in kleinen Gesundheitszentren als ausgeliehene Fachkräfte. Dabei wird hauptsächlich im Mutter- und Kindbereich geholfen, weil diese Gruppe zu den besonders Benachteiligten zählt.

Die einzelnen Entwicklungshelfer arbeiten über einen Vertragszeitraum von zwei Jahren, der verlängert werden kann. Im Anschluß daran sollten jeweils Nachfolger die Arbeit weiterführen. In der Zwischenzeit ist auch eine Entwicklungshelferin dabei, das Projekt weiterzuführen, das ich begonnen habe.

Im Bildungsbereich arbeitet der DED in verschiedenen handwerklich-technischen Bildungszentren mit, zu denen auch die Bereiche Textilarbeit und Hauswirtschaft (Ernährungslehre und Gesundheitserziehung) gehören. In Verbindung mit der Alphabetisierung sollen

Hochlandfrau

Landfrauen auf einem Markt (Suq)

grundlegende Kenntnisse in drei Monate dauernden Kursen vermittelt werden.

Mit Hilfe der Weltbank wurden sieben solcher Bildungszentren im Jemen (A. R.) gebaut und ausgerüstet. Der Unterricht im Frauenbereich wurde vor meiner Zeit mehr oder weniger vernachlässigt und fand nur im Fach Textilarbeit an wenigen Zentren statt. Im Fach Hauswirtschaft unternahm ich den ersten Versuch, der inzwischen dazu geführt hat, daß in weiteren Zentren Hauswirtschaft unterrichtet wird oder werden soll.

Im Bereich allgemeinbildender Schulen arbeitet der DED nicht mit, weil dazu höhere arabische Sprachkenntnisse notwendig wären, als sie in der sechs Monate dauernden Vorbereitungszeit vermittelt werden können.

Entwicklungshelfer suchen sich die Länder ihrer Tätigkeit in der Regel nicht selbst aus, sondern bewerben sich allgemein für eine Tätigkeit und werden dann nach dem Bedarf für ihren Beruf in Länder vermittelt, die diesen Bedarf beim Deutschen Entwicklungsdienst angemeldet haben.

Frauen beim Wasserholen in einer Zisterne

So hatte ich mir den Auftrag für eine Tätigkeit im Jemen (A. R.) auch nicht selbst ausgesucht.

Während der zweieinhalb Jahre, die ich dort lebte und arbeitete, entwickelte ich große Zuneigung zu dem Land und den Menschen. Über das Leben von Frauen in Entwicklungsländern gibt es mittlerweile ganze Bildbände und Bücher. Über das Leben der Frauen im Jemen (A. R.) findet sich kaum Literatur. Sie führen ein abgeschiedenes, verstecktes Dasein, aber unter ihren schwarzen «Scharschaffs» und in ihren Lehmhochhäusern verbergen sich starke Persönlichkeiten. Besucher des Landes werden wenig vom Leben der Frauen erfahren, und auch viele westliche Fachleute, die dort leben, erhalten kaum Einblicke in die Welt der Frauen. Durch meine Arbeit und durch viele persönliche Kontakte und Freundschaften erfuhr ich Schönes und Trauriges aus ihrem Leben. Die Leser dieses Buches möchte ich bitten, sich nicht durch vordergründiges Entsetzen, das manche ihrer Sitten und Gebräuche in uns vielleicht hervorrufen, davon abhalten zu lassen, über die jemenitische Kultur nachzudenken. Dieses Buch, das meinen Schülerinnen und Freundinnen gewidmet

Viele Gebiete des Nordjemen sind noch nicht an eine zentrale Wasserversorgung angeschlossen. Das Zisternenwasser ist oft mit Bilharzia und Wurmlarven verseucht. – Auch bei harter Arbeit müssen sich die Frauen verschleiern.

ist, soll Verständnis und Mitgefühl für ihr Leben wecken. Die Geschichten sind authentisch, jedoch zum Schutz der geschilderten Personen von mir so verändert, daß Rückschlüsse auf die Frauen und ihre Familien nicht mehr möglich sind. Kein Name wurde so belassen, wie er in der Realität ist, ebenso habe ich Ortsnamen großzügig umgeändert und vertauscht. Familiäre Strukturen und Berufe der Familienmitglieder entsprechen zwar der sozialen Schicht, sind jedoch auch verändert. Sollten sich trotzdem Ähnlichkeiten mit Personen ergeben, sind diese zufällig, weil sich ähnliche Schicksale in vielen Familien abspielen.

Westlichen Lesern erscheint diese Vorsichtsmaßnahme vielleicht übertrieben. Für jemenitische Familien ist es jedoch sehr wichtig, daß über eine Frau nicht öffentlich gesprochen wird. Deshalb finden sich in diesem Buch auch keine Fotos der geschilderten Personen. Das Besondere am Leben der Frauen im jemenitischen Bergland ist, daß sich ihr Leben in der Unsichtbarkeit abspielt, im nichtöffentlichen Raum. Leser des Buches werden deshalb ihre Phantasie in Gang setzen müssen, wenn es darum geht, sich die Frauen vorzustellen.

Zwei unbekannte Bäuerinnen der Nordregion.
Das Schlüsselbund um ihren Hals deutet auf eine wichtige Position im Haus ihres Mannes
(Hintergrund) hin.

Die Umschrift der arabischen Wörter und Namen erfolgt in einer Weise, daß sie bei deutscher Aussprache jemenitisch klingen, und richtet sich deshalb nach keiner gängigen Lautschrift für Hocharabisch.

Mein Dank gilt allen denen, die mir mit Ratschlägen und Korrekturen bei der Erstellung des Buches geholfen haben, besonders Maria und Kinga.

Gisela Frese-Weghöft   Bremen, im Dezember 1985

Vom Mond, der verkehrt herum steht

Im Flugzeug, nach einem kurzen Zwischenstopp in Kairo, sehe ich ihn das erste Mal: den Mond, dessen Sichel waagerecht am Himmel steht und nicht senkrecht, wie ich ihn kenne. Auch seine Größe fällt mir auf, denn auf diesem Breitengrad wirkt er näher und größer. Zweieinhalb Jahre wird er mich begleiten. Er erscheint mir wie ein Symbol der Andersartigkeit der arabischen Kultur.

Durch die vielen Eindrücke der Fremdartigkeit werde ich anfangs ängstlich und orientierungslos, aber im Laufe der Zeit entsteht daraus eine neue Sicherheit, die mir auch in der westlichen Welt nützt. Vieles werde ich in Frage stellen, meine Werte überprüfen müssen, die durch meine westliche Erziehung geprägt sind. In der Auseinandersetzung mit der jemenitischen Kultur gelange ich nach und nach zu der Überzeugung, daß es kein Falsch und Richtig bei kulturellen Werten gibt. Es ist vielmehr vom Standpunkt des Betrachters abhängig, welchen Eindruck er erhält und wie er Fremdartiges aufnimmt. Der «Helal» (die Mondsichel) begibt sich nicht aus einer senkrechten in eine waagerechte Position, sondern mein Beobachtungspunkt wechselte.

In dieser Nacht im Flugzeug, in der ich den Mond beobachte, habe ich solche Erkenntnisse noch nicht. Dafür überlege ich, was jetzt auf mich zukommen mag. Als Frau reise ich allein in eine arabische Republik, in einen sehr konservativen Ort des Landes, um dort Frauen auszubilden. Werde ich es aushalten, im Jemen zu leben, meine Ängste überstehen, genug von der Sprache lernen? Werde ich das Vertrauen der Frauen und Mädchen gewinnen? Werden sie mir ihre Welt öffnen und mir helfen, sie zu verstehen? Werden sie mich an ihrem Leben teilhaben lassen, und kann ich ihnen mit meinem Bildungsangebot überhaupt etwas geben? Werden sie ihre Bedürfnisse äußern und mir sagen, was sie von mir lernen möchten, oder bin ich vielleicht überflüssig, vielleicht nicht einmal erwünscht? Muß ich gar mit Bedrohungen aus konservativen Kreisen rechnen, die keine Bildung für Frauen wollen, weil dies nicht den Traditionen entspricht? Halber, waagerechter Mond, «Helal», was bringst du mir, was birgst du für eine Zukunft für mich?

Drei Monate habe ich mich vorbereitet, alles gelesen, was ich über den Jemen bekommen konnte, und mich abgemüht, die Sprache zu lernen, die mir bei meiner Ankunft immer noch wie ein Buch mit sieben Siegeln erscheint. Mit Herzklopfen nähere ich mich Sanaa, und ein nächtliches Lichtermeer breitet sich unter mir aus, als die Maschine langsam heruntergleitet in das Land, das für zweieinhalb Jahre meine neue Heimat sein wird.

Noch weiß ich nicht, auf wie viele persönliche Freiheiten ich verzichten muß, um dieser Kultur nahezukommen, und wie schwer mir das manchmal fallen wird. Aber auch wie glücklich ich sein werde, wenn die Menschen dort so herzlich mit mir umgehen, kann ich mir bei meiner Ankunft nicht vorstellen.

Zwei Monate Schonfrist habe ich noch. So lange soll meine weitere Vorbereitung in der Hauptstadt Sanaa dauern, bis ich meine Taschen packe, um in meine neue kleine Heimatstadt nach Gadima zu gehen. Von meinen ersten Spaziergängen in Sanaa komme ich total verunsichert zurück. Es ängstigt mich, wie die Männer mich anstarren und Bemerkungen machen, die ich nicht verstehe. Sie sehen abenteuerlich aus, mit ihren lässig um den Kopf geschlagenen Tüchern, ihren Röcken und dem Krummdolch vor dem Bauch. Am Anfang bin ich davon überzeugt, daß ich es nicht lange aushalten werde. Später wird mir die Hauptstadt entspannend westlich erscheinen, wenn ich aus meiner Provinz herauskomme, und die Anmache der Männer wird mich nicht mehr verunsichern als zu Hause. Wo mir die ersten Schritte so schwer fielen, werde ich mich mit Sicherheit bewegen. Den Müll, der überall herumliegt, werde ich nicht mehr bemerken. Lärm, Staub, überfüllte Straßen, auf denen fast nur Männer zu sehen sind, das wird meine normale Lebensumgebung werden.

Dies ist meine erste Erfahrung mit einem Land der Dritten Welt, und das gleich für so lange Zeit – hoffentlich habe ich mir nicht zu viel zugemutet.

Meine ersten Kontakte mit den Menschen ermutigen mich. Die Jemeniten sind jedesmal erfreut, wenn ich versuche, mich auf Arabisch auszudrücken, und sie bemühen sich, zu verstehen und verstanden zu werden. Sie sind froh über jeden Brocken Arabisch, den ein westlicher Mund hervorbringt, weil es ihnen zeigt, daß jemand sie kennenlernen möchte und sie nicht mit westlichem Hochmut behandelt. Mit wenigen Worten Arabisch bekomme ich bereits bessere Preise auf dem Suq, dem Markt, als die Touristen, die sich nur mit der englischen Sprache verständigen können, die hier aber kaum jemand beherrscht. Diese kleinen Schritte am Anfang ermutigen mich, die schwere Sprache zu lernen. Ich habe beschlossen, mich auf diese Kultur einzulassen, und meine Schonfrist ist schneller vorbei, als ich erwartet habe.

Zehn Tage nach meiner Einreise beginnt ein einwöchiges Familienpraktikum, das mich gleich hautnah mit dem Leben der Menschen konfrontiert. Später noch wird mir Fatima erzählen, wie sie mich damals erlebt haben, sprachlos, hilflos, freundlich. Wie ich mir die Hände verbrannte, als ich ihnen das Brotbacken gleichtun wollte, haben sie nicht vergessen. Und sie bemerken meine Fortschritte in der Sprache. Trotz der Unterschiede der Kulturen und Wertvorstellungen, der Bildung und der mangelnden Verständigungsmöglichkeit am Anfang, entstand ein emotionaler Draht, der meine Nabelschnur zum Jemen wurde, ein Anfang, der mir ermöglichte, das Leben hier zu verstehen.

Die Nabelschnur
zu einer fremden Kultur

Djamila und ihre Familie hatten seit einigen Jahren gute Kontakte zu Mitarbeitern verschiedener bundesdeutscher Entwicklungsdienste. Der Scheich von Behran erlaubte deshalb seiner dreißigjährigen Lieblingstochter Djamila, mich und meine Kollegin für eine Woche in ihrer Familie unterzubringen. Meine Kollegin kam in das Haus ihres Mannes, mich führte sie in das alte Haus ihres siebzigjährigen Vaters, wo ich der riesigen Familie vorgestellt werde und Djamila mir ausführlich die verwandtschaftlichen Beziehungen erklärt.

Da ich erst eine Woche im Land bin und nur wenig verstehe, verliere ich bald die Übersicht, wie viele Frauen und Kinder im Haus leben, wie viele Söhne im Ausland sind, und es dauerte einige Tage, bis ich mich in dem alten, noch von den Türken gebauten Haus zurechtfinde. Die Kinder haben sehr viel Vergnügen daran, mir für alles die arabischen Vokabeln zu sagen und mit viel Gestik und Mimik zu erklären. Sie sind erst zufrieden, wenn ich die Wörter richtig nachgesprochen habe.

Das elfjährige Mädchen Fatima ist für das Mittagessen eines Teils der Familie, der aus acht Personen besteht, allein zuständig. Ihre Zwillingsschwester besucht noch für ein Jahr die Grundschule. Fatima fühlte sich vom ersten Tag an für mich verantwortlich und entwickelte sich zu meiner Lehrerin in jemenitischer Kochkunst und Sprache.

Von Djamila werde ich dem Scheich, der im obersten Zimmer des Hauses hoch über Behran thront, und seiner zweiten Frau, ihrer Mutter, vorgestellt. Er ist sehr freundlich zu mir, und zwischen Djamila und ihren Eltern herrscht ein lieber und fröhlicher Ton. Djamila kann sich mehr erlauben als ihre Schwestern, weil sie der Liebling des Scheichs ist. Er hatte ihr den Besuch der Sekundarschule und eine Ausbildung zur Krankenschwester ermöglicht. Später arbeitete sie sogar eine Zeitlang als Alphabetisierungslehrerin. Diese Tätigkeiten stellen für eine Frau immer noch eine Ausnahme dar, und Djamila verhält sich besonders vorsichtig, damit sie ihrem Vater keine Schande bereitet.

Die Mitglieder dieser Familie gehen aber insgesamt sehr liebevoll miteinander um. Ich habe niemals gesehen, daß ein Kind geschlagen wurde, und auch kaum aggressive Worte gehört. Wenn ein Kind etwas falsch gemacht hat, wird es abgelenkt und anders beschäftigt, weint es, kümmert sich sofort jemand darum und tröstet es.

Im Alter von drei bis vier Jahren gehen die Kinder wenig beaufsichtigt ihre eigenen Wege und spielen den ganzen Tag in ihren Kindergruppen auf dem Hof oder auf der Straße zwischen den Abfällen. Es ist auffällig, wie früh den Kindern selbstverantwortliches Tun gestattet wird. Das bemerke ich auch, während ich Fatimas Arbeiten begleite.

Beim Scheich gibt es Tee mit Gewürzen und viele Fragen an mich, von denen ich die meisten nicht verstehe. Er erklärt mir ausführlich, daß ich nun zu meinem Vater (Ab) und meiner Mutter (Umm) in Deutschland noch Ab und Umm in Behran habe, ihn und seine Frau.

Die Frauen der Familie holen mich bald aus dem Scheichzimmer und bringen mich in die dunkle, verrauchte Küche, um mir zu zeigen, wie das Brot gebacken wird. Das Ofenloch ist ein senkrecht in Lehm eingemauerter Tontopf, in dessen Boden ein Feuer entfacht wird, das die Topfwände erhitzt. Wenn das Feuer zu einer Glut heruntergebrannt ist, werden die Brotfladen an die Topfwände geschlagen und gebacken. Besonders gefährlich ist es, die Teigflade direkt über dem heißen Feuer in das Ofenloch zu stecken und an die Wand zu drücken. Nach zwei bis drei Minuten wird sie dann mit der Hand wieder herausgeholt. Sie zeigen es mir mehrmals und fordern mich freundlich lachend auf, es ihnen nachzutun. Im Formen der flachen Fladen kann ich ihre Geschicklichkeit nicht erreichen.

Ein anderes flaches Brot aus dem gleichen Teig wird mit Wasser und Helba (Bockshornkleesamen gerieben und flüssig angerührt) bestrichen und über dem Feuer an der Ofenwand auseinandergerieben. Dabei bringen die älteren Frauen die größten Brote zustande, weil ihre Hände die Hitze am besten gewöhnt sind.

Meine Versuche, beide Brotarten herzustellen, werden von allen mit «tamam» (gut) kommentiert und die von mir produzierten Brote im Haus herumgezeigt. Die Frauen sind stolz darauf, was sie mir beigebracht haben. Später erfahre ich, daß es sich dabei um eine Mutprobe handelt. Auf jedem Frauennachmittag, den ich anschließend besuche, wird von meinem Brotbacken erzählt und mir anerkennend zugenickt. Da Brot eines der wichtigsten Nahrungsmittel ist, spielt die handwerkliche Geschicklichkeit einer Frau beim Brotbacken eine große Rolle. Wenn eine Tochter zu ängstlich ist und sich nicht traut, in den heißen Ofen zu fassen, erzählt mir Djamila, nimmt die Mutter ihre Hand und zwingt sie dazu, weil jede Frau das können muß.

Eine Frau in der Küche sagt mir, indem sie auf ihren Bauch klopft, daß ihr nächstes Kind meinen Namen haben soll. Es ist schwer zu beschreiben, wie herzlich alle mit mir umgehen.

Das Mittagessen nehme ich bei dem Teil der Familie ein, der zum Bruder des Scheichs gehört. Gegessen wird auf dem Fußboden des Flures, wobei offensichtlich meinetwegen Löffel verwendet werden. Normalerweise wird mit der rechten Hand gegessen.

Alle essen aus einem Topf, aber es gibt mehrere Gänge, Brot und Salat mit Sauermilch (Ziege) übergossen, dann in Tomaten und Gewürzen gekochter Reis, geschmorte Kartoffeln, Brot, das in eine warme Soße aus Helba, Brühe und Gemüse eingetaucht wird, ein Gericht, das in allen Familien fast jeden Mittag gegessen wird. Dieser Eintopf heißt «Salta» und existiert in verschiedenen Abwandlungen, je nachdem, was gerade verfügbar ist. Die Helba kann auch mit etwas Essig abgeschmeckt serviert werden und ist sehr gesund. Eine Soße aus Tomatenbrei mit Zwiebeln, Knoblauch und scharfen Gewürzen (Sahauk) wird fast jeden Tag gereicht, dazu frische Rettiche, die mit den grünen Blättern gegessen werden. Zum Schluß der Mahlzeit gibt es für jeden als besondere Kostbarkeit ein kleines Stück Fleisch. Diese Vielfalt ist aber auf den Wohlstand der Familie zurückzuführen. In ärmeren Familien gibt es nur einzelne dieser Gerichte und seltener Fleisch. Dafür werden weitere Speisen aus Brot und Getreidebreien gegessen.

Nachmittags läßt mich der Scheich zum Tee rufen, um sich mit mir zu unterhalten. Es ist sehr schwierig, ein Gespräch zu führen, weil ich mit meinen drei Monaten Arabischunterricht nur wenig verstehe. Um die Situation zu retten, hole ich mein arabisches Vokabelheft aus der Tasche und zeige es ihm. Er ist ganz entzückt und versucht, darin zu lesen. Jedesmal wenn er eine Vokabel meiner ungeübten Handschrift entziffert hat, freut er sich, und besonders wohlwollend nickt er bei religiösen Vokabeln zum Islam. Nach einer Stunde holen mich die Frauen wieder ab, um mit mir zu einem der jeden Tag üblichen Frauennachmittage zu gehen. Der Scheich läßt mich in dieser Woche noch oft rufen, und ich verstehe ihn immer besser.

Der Frauennachmittag findet, wie meistens, anläßlich einer Geburt statt. Die Mutter wird im besten Zimmer des Hauses (der Mafrasch) auf einem thronähnlichen Bett plaziert und in den ersten Tagen vor- und nachmittags besucht. Später, bis zum 40. Tag, kommen die Frauen des Ortes nur noch am Nachmittag. Jede Besucherin kommt mehrmals, und ich werde später in Gadima noch merken, daß auch ich eine Verpflichtung habe, alle zu besuchen.

Die jungen Mütter sind während der 40 Tage keinen Tag allein und liegen mit den Babies ständig in stickiger, verräucherter Luft, weil die Fenster geschlossen sind und die Besucherinnen Wasserpfeifen rauchen. Der Raum steht voll mit duftenden Kräuterblumen, es wird Weihrauch an jede Besucherin geblasen und literweise Parfum versprüht. Die übrigen Frauen des Hauses bedienen die frisch Entbundene. Der Ehemann darf während der 40 Tage Schonfrist das Zimmer seiner Frau nicht betreten. Für die Mütter bedeuten die Besuche der Frauen eine Ehre, und für die Besucherinnen sind sie eine willkommene Abwechslung und eine Gelegenheit, sich zu unterhalten, zu vergnügen und ihr eigenes Haus zu verlassen.

Die Frauen stürzen sich förmlich auf mich, um mich auszufragen. Nicht nur, wo ich herkomme, ob ich verheiratet bin, sondern auch, ob ich die Pille nehme oder ähnliches. Eine Menge ihrer Fragen verstehe ich noch nicht. Die Frauen haben durch ihre Abgeschlossenheit eine von den Männern abweichende Aussprache entwickelt, ihnen fehlt die Bildung und damit auch eine weitergehende Sprachkenntnis im Hocharabischen. Doch sie möchten verstehen und verstanden werden und setzen bis zur Pantomime alle Möglichkeiten ein.

Meistens geht es darum, die verwandtschaftlichen Beziehungen der einzelnen zu erklären, da die Familie, der Stamm, eine bestimmende Rolle in ihrem Leben spielt. Dabei wird häufig gewürzter Tee oder Schalenkaffee herumgereicht. Zu den Wasserpfeifen kauen einige der Frauen Qat. Die Blätter der Qatpflanze wirken aufputschend und werden im ganzen Land von Männern und Frauen als legale Droge gekaut, während Alkohol streng verboten ist. Qat hat im Vergleich zu Alkohol auch eine viel mildere Wirkung und regt an, anstatt den Geist zu lähmen.

Einen großen Spaß provoziere ich, als ich die Frauen frage, wie sie ihre Schleier um den Kopf festbinden. Sie zeigen es mir an meinem Kopf und freuen sich riesig über mein Aussehen. So wäre es gut, so müsse ich auf die Straße gehen. Ich bin froh, daß ich als Ausländerin nicht dazu verpflichtet bin, mich wie die Frauen zu verschleiern, und lege lachend den Kopfputz wieder ab, der nur meine Augen frei ließ.

Auf der Straße werden auch die Augen noch verdeckt, und wenn sich die Frauen außerhalb des Hauses bewegen, sehen sie die Welt nur durch zwei Lagen Chiffon.

Für den nächsten Tag werde ich von einer anderen Frau zum Frauentreff eingeladen. Ich genieße als Gast des Scheichs besonderes Ansehen. Endlich wieder «zu Hause», stürmen die Kinder mit ihren Schulbüchern auf mich ein. Beim Abendessen versuchen die inzwischen eingetroffenen Männer des Hauses, sich freundlich mit mir zu unterhalten, doch ich verstehe vor Erschöpfung fast gar nichts mehr. Das war mein elfter Tag im Jemen.

Am nächsten Morgen weckt mich Fatima mit einem Glas Tee. Es ist sieben Uhr und spät für die Frauen, die schon vor eineinhalb Stunden aufgestanden sind, um die Gebete zum Sonnenaufgang zu sprechen.

Meine Morgentoilette in dem altertümlichen Hammam (arabische Toilette mit Wasserhahn) ist nicht ganz einfach, meine europäischen Hygienebedürfnisse muß ich dabei zurückstellen.

Danach dauert es noch eine ganze Weile, bis es frisch gebackenes Brot und «ful» (weichgekochter Bohnen- und Tomatenbrei mit Gewürzen – sehr scharf) mit einer Tasse frischer Ziegenmilch, gewürzt mit Zimt und Zucker, gibt. Noch am Vormittag werde ich zum nächsten Geburtsbesuch mitgenommen, wo sich etwa das gleiche abspielt wie am Vortag. Während die verheirateten Frauen das Recht haben, zu den Frauentreffs zu gehen, sind die jungen Mädchen an das Haus gefesselt und kochen vormittags das ganze Mittagessen. Lediglich zum Backen des Brotes kehren die Frauen rechtzeitig zurück.

Für den kommenden Vormittag erbitte ich mir, daß ich zusehen darf, wie das Essen zubereitet wird, weil ich dies für meinen zukünftigen Unterricht in Hauswirtschaft lernen möchte. Darüber freuen sie sich sehr. Mein Bemühen, von ihnen zu lernen, zeigt ihnen, daß ich ihre Kochkunst schätze. Fatima erklärt mir alles sehr genau und ist äußerst geschickt für ihr Alter.

Als mich die Scheichfrau zum Tee ruft, habe ich mein Strickzeug dabei und stricke Strümpfe. Sie interessiert sich sehr dafür, weil sie noch nie gesehen hat, wie gestrickt wird. Bei meiner Abreise schenke ich ihr später die Strümpfe. Der Scheich meint, die Mädchen des Hauses sollten auch so etwas lernen, und ich verweise auf eine Kollegin von mir, die in Behran unterrichten wird. Als die

Scheichfrau erfährt, daß ich in dem vier Stunden entfernten Gadima arbeiten werde, ist sie sehr unzufrieden. Sie möchte mich häufiger sehen, und ich müsse jeden Freitag (arabischer Sonntag) zu ihnen kommen.

Später, als das «hubz» (Brot) für diesen Tag gebacken wird, beteilige ich mich daran. Die Frauen binden mir wieder Schleier um die Haare als Schutz vor dem Feuer. Das Feuer ist diesmal heißer, und ich verbrenne mich. Nachmittags beim Frauentreff, als eine Frau meine Brandwunde sieht und die anderen darauf aufmerksam macht, krempeln mehrere Frauen ihre Ärmel hoch und zeigen mir ihre Narben vom «tannur» (Ofen). Brotbacken ist wirklich nicht ungefährlich, und die Verbrennung bringt mir Mitgefühl und Anerkennung ein.

Nach dem Mittagessen kommt der achtzehnjährige Abdalla mit seinem Kassettenrekorder zu mir, um englische und arabische Vokabelaufnahmen zu machen, nach denen er Englisch lernen möchte. Er ist ganz stolz auf unser gemeinsames Werk, von dem ich die englischen und er die arabischen Wörter spricht. Er spielt dem Scheich die Kassette vor, der sie abends stolz seiner Tochter Djamila vorführt, die zwischendurch immer mal wieder in ihr Vaterhaus kommt, um nach mir zu sehen.

Nachmittags nimmt mich eine junge Frau mit zu einer Brautbesichtigung vor der Hochzeit. Die Frauen des Dorfes feiern mit der Braut und die Männer in einem anderen Haus mit dem Bräutigam. Auf der Brautfeier herrscht ein Höllenlärm. Zwei Sängerinnen singen und schlagen Trommeln dabei. Die Gäste, besonders die alten Frauen, fabrizieren schrille Trillerlaute mit ihren Zungen. Eine alte Frau nimmt einen Kräuterblumenstrauß, in dem zwei aneinandergebundene Kerzen stecken, in den Arm und tanzt damit, während die Zuschauerinnen dazu klatschen. Einige Frauen tragen Tabletts mit brennenden Kerzen auf dem Kopf. Alle sind fröhlich und lachen viel. Es ist ein sehr buntes Bild mit all den geschmückten Frauen. Sie tragen Kleider aus Chemiefasern, die sie oft mehrfach übereinander ziehen. Um den Kopf binden sie sich zu den Frauentreffs ein goldbrokatenes Band, in das ein Stück Pappe eingelegt ist. Die Röcke reichen knapp über das Knie, und darunter tragen sie lange Hosen als Unterwäsche.

Ich muß an die Türkinnen denken, die in meinem Land leben und sich ihrer Kultur entsprechend kleiden. Wieviel Mißachtung haben sie dafür zu erleiden.

Die jemenitischen Frauen bemalen sich zu Hochzeiten oft die

Hände und das Gesicht mit feinen schwarzen Mustern und färben sich die Handinnenflächen und die Füße mit Henna rot.

Abends sitzen wir wieder beim Scheich, und Djamila erzählt, daß er zwei Frauen hat und mit jeder Frau fünf Kinder. Er will wissen, ob es das bei uns auch gibt, und schmunzelt, als ich es energisch verneine. Djamilas Mutter ist seine zweite Frau. Er hat sie geerbt, als sein Bruder starb. Da die Witwe schon zwei Söhne mit dem ersten Mann hatte, sollten die Kinder und das Geld in der Familie bleiben. So heiratete er sie als Zweitfrau dazu. Schließlich gewann er sie lieber als seine erste Frau. Sie darf deshalb bei ihm im Zimmer wohnen, während die erste einen anderen Trakt des Hauses mit ihren Söhnen und Schwiegertöchtern und Enkelkindern bewohnt.

Diese Regelung ist ungewöhnlich. Normalerweise steht der ersten Frau das Recht zu, bei ihrem Mann zu wohnen. Ebenso muß ein Mann formell das Einverständnis der ersten Frau einholen, wenn er wieder heiraten möchte. Diese Rechte werden aber oft unterlaufen, weil die Männer die Scheidung durch dreifaches Aussprechen der Scheidungsformel erzwingen können. Die Frauen stimmen deshalb zu und nehmen die Wünsche des Mannes hin, um nicht geschieden zu werden und um bei ihren Kindern bleiben zu können, die in jedem Fall dem Mann gehören.

Durch die vielen neuen Eindrücke war ich abends immer sehr erschöpft. Meine arabischen Sprachkenntnisse besserten sich in dieser Woche jedoch sehr.

Etwas unangenehm waren für mein westliches Gefühl die altertümlichen sanitären Anlagen. Zusätzlich zu dem kleinen Hammam, das gleichzeitig Waschraum und Toilette ist, gehen die Erwachsenen nach Geschlechtern getrennt einmal pro Woche in ein großes Hammam im Dorf, das mit viel Dampf einer Sauna ähnlich ist.

Außerdem werden vor jedem Gebet fünfmal am Tag die religiösen Waschungen vollzogen, wie es Vorschrift des Korans ist. Wie die Kinder gewaschen werden, sollte ich am letzten Tag miterleben ...

In dem riesigen alten Haus gibt es schätzungsweise 50 Zimmer. Jedes Ehepaar bewohnt ein Zimmer. Gewöhnlich schlafen die Kinder bei den Eltern, und die größeren Kinder bekommen zusammen ein Zimmer, aber nach Geschlechtern getrennt. Am Tage sind diese Zimmer Wohnzimmer, und alle sind vom Prinzip her gleich eingerichtet. Die Räume sind nicht groß, etwa zwölf Quadratmeter. Hinzu kommen mehrere große Mafraschen (wörtlich: Raum mit Matratzen), die für

Feste vorbehalten und reichlich geschmückt sind. Während die einfachen, täglichen Mafraschen nur Matratzen ringsum und Teppiche aufweisen, sind die festlichen Mafraschen mit feineren Teppichen, Wasserpfeifen, Messingtabletts, Fotografien männlicher Familienangehöriger und des Präsidenten geschmückt. In diesen Räumen werden auch die Frauen während der 40 Tage nach der Geburt untergebracht.

In dem Teil des Hauses, in dem ich wohne, gibt es drei Küchen auf fünf Etagen verteilt, die von den Frauen gemeinsam benutzt werden.

Im Erdgeschoß befinden sich Tierställe und ein Raum mit einer Getreidemühle, auf der die Frauen abwechselnd das Getreide für den eigenen Bedarf mahlen, mit der Ausnahme von Weißmehl, das leider importiert wird. Diesem Basisnahrungsmittel fehlen die wichtigen Vitamine und Mineralstoffe, die früher durch das einheimische Vollkorngetreide den Menschen zugute kamen. Das Erdgeschoß hat keine Fenster, und ebenso gibt es im ersten Stockwerk kaum Fenster oder nur sehr kleine. Dies rührt noch aus kriegerischen Zeiten her und diente der Verteidigung.

Die Lebensmittel werden aus einer Familienkasse bezahlt und in verschiedenen Magazinen des verschachtelt gebauten Hauses gelagert. Je nach Bedarf holen sich die Frauen Waren aus dem Magazin in der Nähe meines Zimmers ab, für das Fatima den Schlüssel um den Hals trägt.

Das Auffüllen der Magazine sowie der gesamte Lebensmitteleinkauf ist Männersache. Die Frauen dürfen nicht auf den Suq (Markt) gehen.

Fatima ist noch sehr jung, trotzdem ist dies ihre letzte Lernphase vor der Verheiratung. Die Mädchen werden im Alter von zwölf bis sechzehn Jahren verheiratet, wobei es ortsbedingte Abweichungen gibt, welches Alter als das beste betrachtet wird. In Behran hält man Zwölf- oder Dreizehnjährige für heiratsfähig. Da Fatima als Zwillingsmädchen sehr zart und klein ist, hat sie vielleicht noch etwas Zeit. Ihre Cousine wird diese Zeit nicht mehr lange haben. Sie ist mit elf Jahren schon relativ groß und soll im Jahr darauf an Fatimas Bruder Abdalla verheiratet werden. Sie kennt Abdalla von klein auf, weil sie im gleichen Haus aufgewachsen sind. Es fiel mir auf, daß sich die Cousine immer verschleierte, wenn Abdalla in das Zimmer kam, was sonst gegenüber männlichen Verwandten nicht notwendig ist. Mädchen werden bevorzugt an ihren Cousin väterlicherseits verheiratet, wodurch der Besitz in der Familie bleibt.

Während meines Aufenthalts hatten mich die Frauen und die Männer mehrmals angesprochen, ob ich Fotos von einigen Familienmitgliedern machen könnte. Die Frauen hätten gern Fotos von sich gehabt, trauten sich aber nicht mehr zu fragen, nachdem die Scheichfrau nach einer Diskussion erklärte, das sei «aib» (Schande) für Frauen. Der Islam verbietet das Abbilden von Menschen, aber die Männer durchbrechen dies Verbot häufig und mit Stolz. Frauen ist das kaum möglich, denn Fotos könnten auch von fremden Männern gesehen werden, und das wird als Schande betrachtet. Die Frauen möchten aber wenigstens Fotos von ihren Kindern haben, um sie den im Ausland arbeitenden oder studierenden Ehemännern zu schicken.

Unter den Augen des Scheichs und seiner Frau spielt sich dann eine lustige Szene auf dem Dach des Hauses ab. Aus jedem Winkel werden kleine Kinder und saubere Wäsche gebracht. Die Kinder werden schreiend von ihren Müttern in einer großen Waschschüssel geschrubbt.

Zur Dekoration als Hintergrund für die Fotos wird eine alte Wolldecke über die Lehmmauer gehängt und davor die noch weinenden Kinder in Pose gestellt. Da die Kleinsten noch nicht allein stehen können, ihre Mütter aber nicht auf das Foto dürfen, stellen sich die Frauen hinter die Decke und halten ihr Kind durch die Decke.

Das ganze wirkt grotesk, bestimmt hätte man schönere Bilder aufnehmen können, aber ich will das Vertrauen meiner Familie nicht mißbrauchen.

Als ich nach Gadima abreise, sagt mir die Scheichfrau zum Abschied, ich könne mich jederzeit auf meinen Vater, den Scheich von Behran, berufen.

Das Leben in Gadima

Nach eineinhalb Monaten Sprachunterricht in Sanaa und einer einwöchigen Reise durchs Land beginnt meine Arbeit in Gadima, meiner neuen Heimat.

Durch die mittelalterlichen Tore in der Lehmmauer, die noch intakt ist und die ganze Stadt umgibt, betritt man Gadima, eine kleine Stadt mit alten Lehmhochhäusern, die schon seit Jahrhunderten in dieser Weise gebaut werden, jedes einzelne Haus wie eine Festung wirkend. Unvorstellbar ist es mir am Anfang, daß ich bald in diesen Lehmhäusern ein und aus gehen und in diese Dorfgemeinschaft gehören werde.

Die Wohnungssuche ist schwierig, weil die Leute Fremden gegenüber zunächst mißtrauisch sind. Außerdem, so erfahre ich, wird an alleinstehende Frauen keine Wohnung vermietet. Also muß ich mit meinen beiden männlichen Kollegen zusammenziehen und den Leuten erklären, daß diese wie meine Brüder sind, die mich beschützen. Leider tun sie das nicht. Viel Hilfe habe ich von ihnen nicht zu erwarten, und so bin ich ziemlich auf mich allein gestellt.

In dem District Training Centre, in dem ich arbeiten soll, erfahre ich, daß ich keine bestehenden Klassen zu unterrichten habe, sondern daß ich mir meine Schülerinnen selbst suchen muß. Hauswirtschaft wurde hier noch nie unterrichtet, und die meisten Jemeniten, mit denen ich spreche, können sich auch gar nicht vorstellen, was das ist.

Bald nach dem Einzug in meine Wohnung lerne ich meine Nachbarinnen kennen, die mich ansprechen und sehr interessiert sind, wie wir leben. Ihnen gegenüber muß ich sofort begründen, warum ich mit zwei männlichen Deutschen auf der gleichen Etage wohne. Meine Nachbarin Feisa nimmt die Erklärung auf und gibt sie auch an die fragenden anderen Nachbarn weiter. Feisa ist zwanzig Jahre alt und seit kurzer Zeit nach einer noch kürzeren Ehe geschieden.

Die Beziehung zu ihr entwickelt sich zu einer wachsenden Freundschaft, und sie gibt mich überall als «ihre» Ausländerin aus. In kurzer Zeit hat sie sich an mein geringes Vokabular gewöhnt und übersetzt meine Gespräche mit anderen Frauen von leichtem Arabisch in schweres und umgekehrt. Sie nimmt mich mit zu Frauennachmittagen und führt mich in die Kreise der Frauen und Mädchen ein. Als sie erst einmal verstanden hat, was ich unterrichten will, erklärt sie es auch anderen. Das kann sie viel besser und schneller auf arabisch sagen als ich und hilft mir so, bekannt zu werden und einen guten Ruf zu erlangen, von dem es abhängen wird, ob ich Schülerinnen in meinen Unterricht bekommen werde.

Ein anderes Mädchen, siebzehn Jahre alt, winkt mich am ersten Tag zu sich herüber, um zu erfahren, was ich hier tun werde und wer ich bin. Zu ihr bekomme ich erst viel später engen Kontakt, dafür aber intensiver als jemals zu Feisa. Cheria ist eines der wenigen und der ersten Mädchen, die den Sekundarschulabschluß anstreben. Sie hat eine höhere Bildung als die übrigen Mädchen und Frauen, und mit ihr sind intellektuellere Gespräche möglich. Ihr Vater ist nicht sehr wohlhabend, er unterhält einen kleinen Laden für Werkzeuge und Materialien für die Landwirtschaft.

Sie gibt mir praktische Tips zur Frauenbildung. Ihr ist im Gegensatz zu mir klar, mit welchen Schwierigkeiten ich zu rechnen habe. So rät sie mir, einen Unterrichtsraum in der Altstadt zu suchen. Niemals, so erklärt sie mir, würden die Frauen der Altstadt – und dort wohnen die meisten – in das zehn Minuten Fußweg entfernte Bildungszentrum außerhalb der Stadt gehen, wo zudem noch gleichzeitig Männer unterrichtet würden. Es wird als Schande betrachtet, das Stadttor zu verlassen und an den Hotels vorbeizugehen, vor denen die durchreisenden Männer auf dem Weg nach Saudi-Arabien Rast machen und in Teestuben an der Straße sitzen.

Langsam finde ich heraus, daß nicht nur die drei Stadttore von den Frauen aus moralischen Gründen gemieden werden, sondern daß auch Wege in der Nähe des Suq (Markt) nicht betreten werden dürfen. Außerdem werden alle Fußwege von mehr als fünf Minuten als zu anstrengend oder als anstößig empfunden.

Da ich Cheria immer in der Öffentlichkeit treffe, bekomme ich ihr Gesicht in den ersten Monaten nicht zu sehen. Auch wenn sie mich in der Schule besucht, in der ich zu Beginn als Textillehrerin arbeiten darf, bis sich ein Raum für den Hauswirtschaftsunterricht gefunden hat, behält sie den Gesichtsschleier auf, und ich sehe nur ihre Augen. Langsam beginnt sie mich mehr zu interessieren. Hinter ihrem «Lithma» (Gesichtsschleier) arbeitet ein scharfer Verstand, der immer wieder spürbar wird, wenn sie mich ausfragt und sich nach meiner Arbeit erkundigt. Ob sie wohl schön ist, überlege ich, und deshalb ihr Gesicht verschleiert, oder ob das Gegenteil der Fall ist?

Später erklärt sie mir, daß sie als ein Mädchen mit höherer Schulbildung besonders auf ihren Ruf achten müsse, weil die Jemeniten sonst jedes Fehlverhalten sofort darauf zurückführen würden, daß sie lernen durfte. Sie möchte ihren Eltern, die ihr die Bildung erlauben, keine Schande bereiten. Tatsächlich ist es so, daß die jungen Männer in Gadima über Cheria klatschen und sie gern einmal sehen würden. Sie ist etwas Besonderes durch ihre Intelligenz und ihren Bildungswillen.

Als ich in meiner neuen Wohnung, die im gleichen Haus direkt neben der der beiden deutschen Kollegen liegt, beginne, die Wände zu streichen, kommt Feisa mehrmals am Tag durch den Garten, den man von der Straße aus nicht einsehen kann, zu mir herüber. Müßte sie den offiziellen Weg nehmen, würde ich sie bestimmt nicht so oft sehen. Manchmal bringt sie mir Tee, ein anderes Mal Brot oder ihre Freundinnen, denen sie ihre Ausländerin vorführt. Ich lasse sie bringen, wen sie möchte. Es ist wichtig, daß ich bekannt werde, damit Schülerinnen von meinem neuen Unterrichtsangebot erfahren. Außerdem bewirkt die offene Tür, daß die Mädchen sich ein Bild machen können, ob wir anständige Leute sind.

Jemenitische Frauen würden ihre Zimmer nicht selbst streichen, sagen sie mir, das sei Männersache. Diesmal bestehe ich auf meinem westlichen Vorrecht, mein Zimmer selbst renovieren zu dürfen.

Kurze Zeit danach leihen sich die Nachbarmädchen die Streichutensilien aus, um ihre Zimmer zu streichen. Ein Schöner-Wohnen-Drang bricht aus, seit sie bei mir ein und aus gehen. Der «tannur» (Ofen) wird aus der Küche in den Hof verlegt, wo ihn Feisas alte Mutter selbst aus Lehm mauert. Jetzt brauchen sie beim Kochen nicht mehr den Rauch des «tannurs» einzuatmen, der sonst die ganze Küche schwärzte. Sie kochen auf dem Gasherd. Das spart Holz, welches ohnehin sehr knapp und teuer ist in dieser trockenen Umgebung. Nur zum Brotbacken ist der «tannur» unentbehrlich, und sie teilen ihn mit ihrer Schwester vom Nachbarhaus. Amathalchalig wird ebenfalls angesteckt von den Streicharbeiten ihrer Schwestern, und sie beginnt, im Haus ihres Mannes die Küche zu kalken.

Amathalchalig und Feisa nehmen mich zu Frauennachmittagen mit, wo mir ähnliche Fragen gestellt werden wie in Behran. Es sind

Fragen, die die Frauen am meisten berühren: ob man verheiratet ist, die Pille nimmt oder geschieden ist, warum der Mann einen nicht mehr gewollt hat, ob man vielleicht keine Kinder bekommt oder der Mann noch eine zweite, dritte oder vierte Frau heiraten wollte und die Frau damit nicht einverstanden war.

Ich erzähle, daß ich geschieden bin, obwohl das zu diesem Zeitpunkt noch nicht stimmt. Ich kann mich nicht als unverheiratete Frau ausgeben, mit der sie nicht über Frauensachen sprechen würden. Ich möchte ihnen aber etwas über Kinderernährung und Ernährung von Schwangeren und stillenden Frauen beibringen.

Feisa gibt auch diese Informationen weiter und hilft mir damit, wenn die Frauen alle auf einmal auf mich einreden und mich ausfragen. Ich habe immer noch Probleme, die Frauen zu verstehen.

Bei meinen Verhandlungen auf der Behörde und mit dem Schuldirektor merke ich, daß es leichter ist, die Männer zu verstehen, weil diese mit ihrer Bildung leichter Äußerungen umschreiben können und ein vielfältigeres Vokabular haben als die Frauen.

In meiner freien Zeit sitze ich oft und lerne Arabisch, und die Frauen lassen nicht locker. Sie wollen mit mir reden. Wenn ich sie nach mehreren Versuchen immer noch nicht verstehe, werden sie immer lauter, als ob sie es mit einer Schwerhörigen zu tun hätten.

Bei den Frauennachmittagen sind immer einige Frauen dabei, die Qat kauen, und oft bekomme ich etwas ab. Sie amüsieren sich köstlich, daß mir ihre schlechte Angewohnheit gefällt.

Jedesmal werbe ich für meinen Unterricht, und viele zeigen sich interessiert. Ich bin ganz zuversichtlich, daß meine Klassen sich füllen werden. Ich weiß noch nicht, wieviel Anstrengung es die Frauen kostet, aus ihrer Lethargie herauszukommen und ihre Idee, bei mir zu lernen, auch in die Praxis umzusetzen. Jahre des Dahinlebens, ohne den Geist anzustrengen, von einem Frauennachmittag zum nächsten, Qat kauen, Wasserpfeife rauchen und wenig Neues lernen – das ist ihr Alltag, der sie geprägt hat. Dazu sind sie ständig schwanger oder haben ein Baby zu versorgen. Nur wenige werden es schaffen, nach einem solchen Leben noch die Energie aufzubringen, in den Unterricht zu gehen, aber sie werden mir ihre Töchter schicken.

Eine Frau im Alter von 35 Jahren ist hier gewöhnlich schon Großmutter, von vierzehn Schwangerschaften überleben vielleicht sieben oder acht Kinder. Mein Alter glauben mir die Frauen meistens nicht. Aber das Alter ist hier auch nicht wichtig. Es wird nicht gezählt, und das

Geburtsdatum weiß kaum jemand. Jede ist so alt, wie sie sich fühlt und wie viele Kinder sie geboren hat. Im Vergleich zu ihnen muß ich ein junges Mädchen sein mit meinen 30 Jahren, sagen sie. Sie möchten mich gern an einen Jemeniten verheiraten, weil es für sie unvorstellbar ist, daß ich hier ohne Familie und Ehemann lebe. Wenn ich eines Tages wieder in meinem Land bin, erkläre ich ihnen, dann werde ich noch einmal heiraten. Jetzt möchte ich allein leben. Sie wissen nicht, daß ich mich kurz vor der Ausreise in einen verliebt habe, der in Afrika arbeitet. Meine Liebesbriefe halten sie für Briefe an meine Familie. In ihren Augen muß ich eine gute Tochter sein, weil ich soviel schreibe. Nicht einmal meiner Freundin Feisa kann ich mein wirkliches Fühlen und Denken offenbaren, weil auch sie es nicht verstehen würde. Es ist mit arabischen Maßstäben nicht zu messen, oder ich käme schlecht dabei weg. Das aber muß ich auf jeden Fall verhindern, weil moralische Integrität Voraussetzung für meine Arbeit mit den Frauen ist.

So schwer hatte ich es mir nicht vorgestellt, als ich mich in Berlin auf die Arbeit im Jemen vorbereitete. Ich hatte geglaubt, daß es in jedem System Hintertüren gibt. Vielleicht hätte es auch hier welche gegeben, wenn ich mich mit einem der beiden männlichen Kollegen angefreundet hätte. Doch wir drei haben kaum gemeinsame Interessen und haben uns nicht viel zu sagen. Die beiden arbeiten im Ausbildungszentrum und unterrichten die Männer in handwerklichen Ausbildungszweigen. Für ihren Unterricht wirbt die Bildungsbehörde, und sie können die Räume im Zentrum benutzen. Für den Frauenbereich hingegen wird von der Behörde weniger getan, weil es Männer sind, die dort arbeiten und diese in der traditionellen arabischen Welt Gadimas ein von Frauen völlig getrenntes Leben leben. Sie kennen nur ihre eigenen Frauen, Schwestern und ihre Mutter.

In der Anfangszeit habe ich kaum Kontakte zu anderen Westlern, weil sich diese erst langsam bilden. So bin ich oft einsam und froh darüber, daß mir meine jemenitischen Freundinnen ihre Zuneigung schenken und sich um mich kümmern. Für sie ist es selbstverständlich, denn sie selbst könnten es nicht ertragen, allein zu leben. Ebensowenig könnte ich es ertragen, in einem so engen Familienkreis zu sein, wie sie es sind.

Die Menschen leben zwar nach Geschlechtergruppen getrennt, sind aber immer in größeren Familien- und Freundesgruppen des gleichen Geschlechts zusammen.

Die Geschwister schlafen zu mehreren in einem Zimmer, und häufig haben auch die Frauen Zimmer gemeinsam mit ihren Kindern. In traditionellen Familien hat jeweils der Mann ein Zimmer für sich allein, in das er seine Frau oder eine seiner Frauen ruft.

Eines Tages kommt Feisa zu mir und erzählt mir weinend, daß sie Ärger mit ihrem Vater wegen ihrer Scheidung habe. Er will sämtlichen Schmuck von ihr zurück und alle Kleider, die vom Brautpreis gekauft waren. An diesem Abend erfahre ich ihre Geschichte, die mir ihren eisernen Willen und ihre Angst vor Männern deutlich macht. Aufgrund ihres Alters hat der Vater sie in einer gemeinsamen Verhandlung um die jüngere Schwester, Ibtisam, an den Bruder des Bräutigams ihrer Schwester verheiratet. Ibtisam war zum Zeitpunkt der Hochzeit fünfzehn und Feisa neunzehn Jahre alt. Während sich Ibtisam schnell an ihren achtzehnjährigen Mann gewöhnt und normal mit ihm zusammenlebt, hatte sich Feisa von Anfang an geweigert, ihren vierundzwanzigjährigen Mann zu heiraten. Sie kann die Gründe dafür nicht angeben und hat dem Mann auch nichts Schlechtes vorzuwerfen; nicht einmal häßlich sei er, sagt sie. Dennoch wollte sie ihn auf keinen Fall heiraten.

Aber wegen der Drohungen des Vaters, der Angst hatte, eine so «alte» Tochter nicht mehr verheiraten zu können, und wegen des Goldes und der schönen Kleider, die Teil des Brautpreises waren, nahm ihr Widerstand allmählich ab, und sie ließ die Feierlichkeiten über sich ergehen. Nach ihrer Schilderung verweigerte sie dann dem Mann jedoch, daß er sie ansehen durfte, und rannte, sich das Gesicht mit den Händen verdeckend, durch das Haus. Erschwerend kam auch hinzu, daß sich die etwas westlich beeinflußte Feisa nicht in das konservative Familienleben im Haus ihrer Schwiegereltern einfügen konnte. Sie hatte eine Schulbildung gehabt, verschlang Romane, in denen von romantischer Liebe die Rede war, und sah sich im Fernsehen ägyptische Spielfilme an. Die Kluft zwischen der romantischen Liebe ihrer Phantasie und der realen Kultur konnte sie nicht überwinden.

Nach kurzer Zeit flüchtete sie sich zu ihren Eltern, die sie aber zurück zum Ehemann schickten. Ein paar Tage später flüchtete sie abermals, diesmal mit dem festen Willen, nicht zurückzukehren. Lieber würde sie sterben, als noch weiter bei diesem Mann zu bleiben, eine Bemerkung, die durchaus nicht unrealistisch war, denn ein Vater hat uneingeschränktes Recht über das Leben seiner Tochter, und Gehorsam ihm gegenüber ist das oberste Gebot für ein Mädchen. Der Vater sei außer sich vor Wut gewesen, berichtet sie, und sie hätte sehr schwere Zeiten durchstehen müssen, bis er sich mit ihrer Eheverweigerung abfand. Der Vater ist ein geiziger, geldgieriger Mann, der die Rückgabe des Brautpreises nicht verschmerzen kann, den er dem Bräutigam erstatten muß, weil die Ehe nicht zustande kam.

Der Geiz des Vaters hat schon immer das Leben der Familie überschattet, das erfahre ich in den vielen Gesprächen, die Feisa und ich führen. Die Mutter war als junge Frau fast verhungert, weil er für längere Zeit auf Geschäftsreise nach Saudi-Arabien fuhr, ohne die Versorgung mit Lebensmitteln für seine Frau organisiert zu haben. Als Frau aus Gadima konnte sie nicht selbst einkaufen gehen, und sie besaß auch kein Geld. Selbst wenn sie Geld gehabt hätte, wäre ihr Gang zum Suq ein Scheidungsgrund gewesen, wenn die Leute darüber geklatscht hätten. Als anständige Frau versuchte sie mit wenig Nahrung auszukommen und bekam etwas von Verwandten. Durch die häufigen Schwangerschaften und die schlechte Ernährung war die alte Mutter in ihrer Jugend irgendwann so geschwächt, daß ihr Mann sie zu einem Arzt brachte. Der Arzt machte ihm schwere Vorwürfe, und seit dem Tag habe er sie besser versorgt. Obwohl sie höchstens 45 Jahre alt ist, ist sie heute eine schwache, alte Frau. Sie hat zwölf Kinder geboren, acht überlebten, vier starben.

Daß der Mann mit ihr zum Arzt ging, zeigt aber auch seine Zuneigung zu ihr. Auf einem Frauennachmittag erzählt mir eine andere Frau, daß die Vorgängerin bei ihrem Mann starb, weil ihr Mann sie nicht zum Arzt brachte. Er wollte die Kosten sparen und hatte kein Interesse daran, die Frau zu behalten. Er ließ sie in Allahs Hand, sagen die Frauen. Diese Brutalität ist zwar eine Ausnahme, sie kommt aber trotzdem vor.

Die Transaktion der gemeinsamen Verheiratung beider Töchter brachte dem Vater Feisas nur Probleme. Er hatte dem Ehemann Ibtisams verschwiegen, daß diese seit ihrer Kindheit einen schweren Herzfehler hat, der es unmöglich macht, daß sie ein Kind gebären kann. Das Eheleben und die Anti-Baby-Pillen machen ihr so zu schaffen, daß sie ständig Beschwerden hat. Eine Operation ist notwendig, damit sie Kinder austragen und weiter mit ihrem Mann leben kann, sagen die Ärzte. Der Ehemann fühlt sich betrogen. Er hat einen hohen Preis bezahlt, und die Ware ist nicht voll gebrauchswertig.

Eine lange, unschöne Auseinandersetzung folgt um die Kosten für die Herzoperation, bis sich der Ehemann zurückzieht, und Ibtisam kommt wieder in das Elternhaus. Der Vater bringt das schöne Mädchen in eine Spezialklinik nach Saudi-Arabien. Der Ehemann darf sie nicht mehr sehen, und danach lebt sie ein Jahr in ihrem Elternhaus, um sich von der Operation zu erholen. Während dieser Zeit versucht der Vater, eine Kostenbeteiligung des Ehemannes herauszuhandeln.

Ibtisam sagt zwar, daß sie den Mann liebte, als sie mit ihm zusammenlebte, aber ob sie ihn in Zukunft lieben wird, hängt davon ab, was ihr Vater wünscht. Sie selbst hat keine eigenen Gefühle für die Ehe und ist froh, noch eine Zeit bei ihrer Mutter leben zu können, bevor sie wieder die Pflichten einer Ehefrau übernehmen muß, die ihr offensichtlich nicht besonders gefallen haben.

Feisa führt jetzt den Haushalt ihrer schwachen Mutter, Ibtisam kann nach ihrer Operation lange nicht mitarbeiten. Die sechzehnjährige Carima und die vierzehnjährige Bilgis besuchen noch die Schule und haben ehrgeizige Bildungspläne.

Feisa nutzt die freien Nachmittage, wenn ihre Schwestern für die Schule lernen und ihre Mutter auf Frauentreffs ist, um Gürtel für den Krummdolch der Männer (Djambia) kunstvoll mit wertvollen Gold- und Silbergarnen zu besticken. Dafür erhält sie etwas Geld, von dem sie einige Dinge für den Haushalt kaufen oder sich Goldschmuck davon besorgen läßt. Sie hat das Geld nicht nötig, aber es bringt ihr Anerkennung der anderen Frauen und Mädchen ein, die diese Kunst nicht beherrschen.

Carima sollte bereits im letzten Jahr an ihren Cousin väterlicherseits verheiratet werden, hatte sich aber erfolgreich widersetzt. Sie möchte gern den «adadi»-Abschluß in der Schule machen (neun Jahre). Die schlechten Erfahrungen, die der Vater mit Feisas und Ibtisams Ehe machte, ließen ihn nachgiebiger werden, und er zwang Carima noch nicht zur Ehe. Sie ist sehr unauffällig neben ihren agilen und schönen Schwestern und fast immer mit einem Lehrbuch anzutreffen. Einmal vertraut sie mir an, daß sie gern Lehrerin würde, aber der Vater hätte bestimmt etwas dagegen, seufzt sie.

Bilgis ist die erste der Familie, die in meinen Unterricht kommt und alle ihre Freundinnen mitbringt. Feisa kann sich nicht überwinden, ihre sprachbehinderte Freundin als Lehrerin anzunehmen. Nur vor den anderen Mädchen und Frauen gibt sie mit mir und meinen Kenntnissen an. Lange Zeit ist sie selbst nicht davon überzeugt.

Meinen Unterricht habe ich fachfremd als Textillehrerin begonnen. Hauswirtschaft ist einfach kein Begriff, und es dauert lange, bis ich erklärt und gezeigt habe, daß darunter Ernährungslehre, Gesundheitserziehung in Verbindung mit Kochen zu verstehen ist.

Meine Erklärungen werden am Anfang zwar höflich aufgenommen, doch es leuchtet den Leuten nicht ein, wieso diese Inhalte unterrichtet werden sollen, wo es doch Krankenhäuser für die Kranken gibt.

Im Jemen sterben laut UNICEF-Statistiken 50 Prozent der Kinder im Alter bis zu fünf Jahren, aber diese Tatsache ist für die Menschen dort normal, daß sie nicht als Problem gesehen wird. Es ist von Allah so gegeben und kann doch gar nicht anders sein. Die Frauen bekommen so viele Kinder, weil sie von vornherein wissen, daß davon ein Drittel oder gar die Hälfte wieder sterben wird. Dieses Wissen drückt sich auch in dem Brauch aus, zur Geburt keine Kinderkleidung zu schenken, die größer ist als das Neugeborene, da das Kind ja bald sterben kann.

In der Hauptstadt und bei den Behörden ist dies Problem natürlich bekannt, und es wird versucht, mit allen Mitteln Abhilfe zu schaffen. Die Entwicklung eines Gesundheits- und Bildungswesens findet jedoch erst seit etwa zwanzig Jahren, seit der Revolution, statt und braucht Zeit. Außerdem setzt eine Verbesserung auch eine Veränderung der Einstellung gegenüber Frauen, Frauenbildung und Gesundheitswissen voraus, die bis in das abgelegenste Bergdorf reichen muß.

Auf den Frauennachmittagen höre ich oft, daß das erste Kind einer jungen Frau starb und sie erst bei den nächsten lernte, sich richtig zu verhalten. Ich höre auch von der Unsitte, Neugeborenen über lange Zeiträume Fett oder Öl einzuflößen. Keine kann mir sagen, warum sie das tun. Die Alten haben es auch schon so gemacht, und einige überleben trotzdem. Die weniger glücklichen Babies bekommen das Fett in die Luftröhre und sterben an Lungenentzündung oder an dem Durchfall, den das Fett auslöst. Aus anderen Gegenden des Jemen erfahre ich, wie die Sitte entstanden ist und wie sie eigentlich richtig angewendet wird: Kurz nach der Geburt wird ein wenig Öl in den Kindermund gerieben, um den ersten Stuhl abzuführen. Da die Frauen die erste Muttermilch für unrein halten, kann die Milch diese Funktion nicht erfüllen. Zwar fehlen den Säuglingen bei dieser Prozedur auch die Schutzstoffe der ersten Muttermilch, aber sie führt nicht zum Tode wie die Methode der Frauen in Gadima, wo sich diese Sitte verselbständigt hat und die Babies mehrmals am Tag mit einem Glas oder Löffel Öl eingeflößt bekommen.

Niemand denkt über Sinn und Unsinn der Prozedur nach, weil sie eine alte Tradition ist. Die Menschen sind daran gewöhnt, alte Vorschriften einzuhalten, ohne sie zu hinterfragen. Der Koran darf auch nicht an heutige Gegebenheiten angepaßt werden und soll, einmal geschrieben, für alle Zeit gelten.

Aus den vielen Gesprächen mit den Frauen erfahre ich langsam, welche Fehler gemacht werden, die, wie die Öleinflößung oder zunehmende Verwendung von Pulvermilch, zum Tod der Kinder führen. Daraus erstelle ich meinen Lehrplan für den Unterricht.

Die erste Phase meiner Zeit in Gadima benutze ich zum Lernen, Beobachten und laß mir erklären, was ich nicht verstehe. Während meiner Anfangszeit, in der ich Textilarbeit unterrichte, und in den bald beginnenden ersten Ferien besuche ich häufig Feisa, um von ihr jemenitisches Kochen zu lernen. Sie ist stolz, mir ihre Kunst zeigen zu können. Jedesmal wenn sie etwas kocht, das ich noch nicht kenne, ruft sie mich herüber. Heute will sie «Bint as Sachn» backen, das meine Lieblingsspeise wird. Dazu bereitet sie einen Hefeteig aus Wasser, Eiern und Fett vor und schlägt zehn bis fünfzehn hauchdünne, runde Teigfladen mit ihren Händen. Es erfordert große Geschicklichkeit und viel Übung, die ich nicht habe. Die Fladen legt sie in ein flaches Tablett und gibt jeweils etwas Fett dazwischen. Obendrauf werden schwarze Sesamkörner gestreut, und die Speise wird zwanzig Minuten im Tannur gebacken. Mittags wird «Bint as Sachn» warm und mit Honig übergossen gegessen.

Während ich die Frauen beim Kochen beobachte, sehe ich auch, welche Techniken ich ihnen beibringen kann, um ihre Arbeit zu erleichtern, ohne ihre Küchenkultur völlig zu verändern. Mein Fragen und mein Lernen tragen sicher dazu bei, daß mich Feisa als ihren Schützling betrachtet und nur schwer Wissen von mir annehmen kann.

Nebenbei muß ich immer wieder mit den lokalen Vorgesetzten sprechen und meinen Begründungsvers aufsagen, von dem ich schon träume: Ich benötige einen Raum, den ich als Küche einrichten kann, damit ich nicht weiter Textil, sondern in meinem Fach Hauswirtschaft unterrichten kann. Aufgrund der eingeschränkten Bewegungsfreiheit der Schülerinnen brauche ich mindestens zwei Räume. Einen in der Altstadt für die dort lebenden Frauen und einen in der Neustadt für die Neustadtschülerinnen. Jeder sieht diese Begründung ein, aber es passiert nichts. Ich werde immer höflich vertröstet. Nie wird mir eine Bitte abgeschlagen, aber das heißt noch lange nicht, daß die Bitte auch erfüllt wird. Ich lerne, daß zwischen der verbalen Zustimmung und der Realisierung Welten liegen, und vor allem lerne ich Geduld und ein anderes Zeitgefühl.

Meine deutsche Gewohnheit, mich an Gesetze, Vorschriften, feste Regeln zu halten, versuche ich auch hier, merke aber bald, daß es schwer ist, die Regeln herauszufinden und daß sie flexibel ausgelegt werden können. Ich bin zwar in die Bildungshierarchie integriert und habe meine Vorgesetzten; als ausländische Frau ist meine Rolle jedoch nicht klar definiert. Die Männer, die mit mir dienstlich zu tun haben, sind ebenso verunsichert über den Umgang mit mir, wie ich nicht weiß, was ihnen gegenüber höflich ist.

Langsam entwickelt sich eine freundliche, höfliche Umgangsweise miteinander, und die Männer und ich lernen die gegenseitigen Reaktionen und Verhaltensweisen einzuschätzen. Sie vertrösten mich auf die Zeit nach dem Ramadan, nach den Ferien, wenn die Raumverteilung neu geregelt wird. Was Ramadan in einem islamischen Land bedeutet, werde ich bald lernen.

Inzwischen ist mein Privatleben offen für meine Nachbarinnen, damit sie mich kennenlernen und kein Mißtrauen entwickeln. Jemand, der keine Offenheit gegenüber den Jemeniten zeigt und nicht bereit ist, ihre vielen interessierten Fragen zu beantworten, ist ihnen suspekt. Sie selbst sind auch offen, und so etwas wie unseren Begriff von Privatleben gibt es nicht. Durch das enge Zusammenleben innerhalb der Familie weiß jeder über den anderen Bescheid. Versucht ein Mitglied der Gemeinschaft etwas zu verheimlichen, so hat er etwas zu verbergen, was vielleicht unmoralisch ist.

Ich lerne die Jemeniten schätzen als emotionale Menschenkenner. Wer ihre Sympathie hat, kann sich mehr erlauben und bekommt mehr, als jemand, dem sie mißtrauen. Sie mögen offene, fröhlich lächelnde Menschen und haben sehr viel Humor.

Meine schnell wachsenden Freundschaften beruhen auf meiner Offenheit, was allerdings nichts anderes heißt, als auf ein Privatleben zu verzichten.

Jeden Besucher muß ich erklären, männliche Besucher ohne Ehefrauen dürfen gar nicht kommen, oder ich gebe sie als Besucher der beiden männlichen Kollegen aus. Es sind manchmal akrobatische Seiltänze, die ich mit meinen Erklärungen vollbringe.

Schnell gebe ich auf, enttäuscht zu sein, wenn ich höre, wie Feisa in aller Ausführlichkeit den Nachbarinnen und Freundinnen erzählt, was sie über mein Leben erfahren hat. Jede hat schließlich ein Recht zu wissen, was wir für Leute sind. Am Anfang wird unser Leben besonders kritisch diskutiert, bis sich später ein guter Ruf etabliert hat und Informationen erst einmal positiv aufgenommen werden.

Der Ramadan

Wenn der Ramadan beginnt, ändert sich der gesamte Lebensrhythmus der Jemeniten. Der Ramadan ist der islamische Fastenmonat, der vor der Pilgerzeit nach Mekka liegt und in dem sich die Menschen sehr stark auf ihre Religion besinnen. Während des Tages wird gefastet, das Leben spielt sich nachts ab. Dann nämlich darf gegessen werden. Im Koran heißt es, das Essen ist erlaubt in der Zeit, in der man einen schwarzen Faden nicht von einem weißen unterscheiden kann, also während der Dunkelheit.

Feisa oder eine ihrer Schwestern nehmen mich mit zu den üblichen Besuchen, die jetzt am Abend stattfinden. Es ist die einzige Zeit im Jahr, in der die Frauen und Mädchen nach Einbruch der Dunkelheit noch außerhalb des Hauses unterwegs sind.

Eines Abends gehen wir in ein Haus zu einem Kondolenzbesuch. Der Ehemann der Hausfrau ist vor kurzem mit einem Sammeltaxi verunglückt. Diese Taxis stellen neben den Bussen das Hauptverkehrsmittel dar. Sie sind immer total überladen, oft in schlechtem Zustand und rasen mit zu hoher Geschwindigkeit in den Serpentinenstraßen. Die Busse, von denen mehr und mehr eingesetzt werden, werden aufgrund der größeren Sicherheit von den Leuten bevorzugt.

Nach dem Tod ihres Mannes, soll die Frau nun von dem Bruder ihres Mannes, der die Gewalt über das Vermögen hat, dazu gezwungen werden, in sein Haus nach Sanaa zu ziehen. Da sie keine Söhne hat, soll sie mit ihren Töchtern bei ihm leben, und er will das Haus ihres Mannes in Gadima verkaufen. Die Frauen diskutieren diesen Fall heftig und halten den Bruder für einen schlechten Verwandten, der die Frauen als Arbeitskräfte in seinem Hause haben wolle und sich von dem Erbteil nur Qat kaufen würde. Es sei «haram» (religiöse Schande) schimpfen sie, denn laut Koran stehe der Frau und ihren Töchtern auch ein Erbteil zu. Weinend zuckt die Frau die Achseln. Sie selbst kann als Frau nicht vor ein Gericht gehen, und ihre Familie will sich nicht engagieren, weil ihr Schwager aus der gleichen Familie stammt. So wird er über sie verfügen, ohne daß sie daran etwas ändern kann. Die Frauen versuchen sie zu trösten und hoffen, daß Allah

49

ihr geben möge, was sie verdiene, sich ihrer annehmen und seine Augen auf ihr lassen möge. Das ist alles, was sie für die Witwe tun können: bei ihr zu sein und sie zu trösten und ihr zu helfen, sich mit dem harten Schicksal abzufinden. Jeden Tag besuchen sie so die Witwe, bis sie soweit ist, das Unabänderliche ertragen zu können. Hier lerne ich, daß es manchmal leichter sein kann, sich mit dem Schicksal abzufinden, als dagegen anzukämpfen und dann doch verzweifelt und frustriert zu sein. In dieser Umwelt erscheint es mir ganz leicht, so zu empfinden, weil es hier selbstverständlich ist. Zu Hause, in meiner Kultur, würde ich dieses destruktive Verhalten nicht einsehen können. Vielleicht werde ich für mein zukünftiges Leben etwas von diesen Frauen lernen können.

Der Ramadan geht weiter, einen ganzen Mondzyklus lang, denn der arabische Kalender richtet sich nach dem Mond. Auch ich beginne die Zeit nach der Veränderung des Mondes zu messen. Ich weiß, wann der Helal (Mondsichel) ist und wann Vollmond ist, was mir zu Hause in der Großstadt nie besonders aufgefallen ist.

Alle fasten, ausgenommen sind nur Kinder, hochschwangere Frauen, solche die noch in der Vierzig-Tage-Frist nach der Geburt sind, Frauen, die ihre Periode haben, oder Schwerkranke und Reisende. Die Ausfallzeiten müssen allerdings im Laufe des Jahres nachgeholt werden, und das ist viel schwerer, weil dann alle anderen wieder essen. Die Frauen sparen die vier bis sechs Tage, die sie wegen ihrer Periode nachfasten müssen, meist bis kurz vor den nächsten Ramadan auf oder fasten zwischendurch einmal einen Tag ab. In der Schule werde ich darauf noch häufiger stoßen, wenn meine Schülerinnen im Hauswirtschaftsunterricht nicht mitessen, weil sie gerade fasten.

Ich faste nicht, aber ich esse auch nicht in Gegenwart meiner jemenitischen Freundinnen. Es fällt mir schwer, meinen Lebensrhythmus vom Tag auf die Nacht umzustellen, und ich werde von Tag zu Tag müder. Nachts gibt es auch kaum Ruhe, um zu schlafen. Der Herrenschneider gegenüber näht die ganze Nacht lang auf seiner elektrischen Nähmaschine und hört dabei religiöse Gesänge und Gebete vom Kassettenrekorder. Wenn ich nicht ohnehin vom Gebetsruf des Muezzin zum Morgengrauen wieder wach werde, weckt mich der Schneider mit seiner lauten Kassettenpredigt. Eine der fünf Gebetzeiten wird in dieser Zeit noch zusätzlich in die Nacht verlegt, und so ruft der Muezzin nicht nur morgens vor Sonnenaufgang und danach, sondern auch mitten in der Nacht. Es ist Sommer und sehr heiß, so daß ich auch mein Fenster vor dem Lärm auf der Straße nicht schließen kann. Auf das Nachtleben kann ich mich nicht umstellen, da ich als Frau keine langen Spaziergänge allein durch die Nacht machen könnte. Abgesehen von den Frauentreffs, verbringen meine Freundinnen ihren Abend bis spät in die Nacht vor dem Fernseher und sehen sich kitschige ägyptische Liebesfilme an. Damit können sie mich nicht begeistern.

Spät in der Nacht, kurz vor dem Morgengrauen, wird noch einmal gegessen. Die Speisen sind jetzt besonders ausgewählt, und ich lerne wieder einige neue kennen. Bereits am Nachmittag beginnen die Frauen mit dem Kochen umfangreicher Menüs. Die Männer nehmen eine kleine Portion mit in die Moschee, wo sie gleich nach dem ersten Ruf des Muezzin zum Fastenbrechen eine Handvoll zu sich nehmen, um dann zu beten.

Die Frauen in Gadima gehen nicht in die Moschee. Es gibt keine besondere Frauenmoschee. Sie warten zu Hause auf den Gebetsruf. Carima, die Zarte, Unterernährte, sieht ganz schlecht aus vor Hunger. Beim ersten Ruf stürzt sie an den Kühlschrank und ißt eine Kleinigkeit. Auch die anderen essen einen Happen, gehen sich waschen, ziehen das weiße Gebetskleid an und beginnen die Gebete. Feisa läuft mit ihrem großen weißen Gebetskleid wie ein Gespenst durch das Haus und macht sich einen Spaß daraus, es mir vorzuführen. Nur der Vater darf sie dabei nicht erwischen, flüstert sie mir zu.

Für jedes Gebet muß das Kleid angelegt werden, der Körper an den wesentlichen Stellen gewaschen werden und eine saubere Unterlage benutzt werden, auf der die Übungen ausgeführt werden, die zum Gebet gehören. Es ist eine gesunde Gymnastik, denke ich mir. Die Unterlage wird in Richtung Mekka gelegt, in die auch die Gebete gesprochen werden müssen.

Es gibt in Gadima auch viele «hadjas» und «hadjs», wie die Pilger und Pilgerinnen ehrfurchtsvoll genannt werden, die bereits nach Mekka gepilgert sind. Jeder Gläubige sollte es einmal im Leben tun. Das ist eines der Gebote für Muslime, neben der Verpflichtung, Almosen zu geben, fünfmal am Tag zu beten und das Glaubensbekenntnis zu sprechen und zu leben.

Nach dem Gebet nimmt Feisas Familie das Abendessen ein. Wenn keine Gäste dabei sind, essen sie meist gemeinsam in dieser Familie, was keineswegs überall so ist. Ich zähle zur Familie und esse mit Vater, Brüdern und Schwestern sowie der Mutter zusammen. Wären andere Jemeniten anwesend, würde nach Geschlechtern getrennt gegessen.

In den frühen Morgenstunden bis zum Mittag ist die kleine Stadt wie ausgestorben. An manchen Straßenecken liegen Männer, die vom Morgengrauen und von der Müdigkeit überrascht wurden, und schlafen. Die Welt gehört den streunenden Straßenhunden, von denen es sehr viele gibt. Sonst laufen sie nur während der Nacht ohne Angst vor den Menschen durch ihr Revier. Im Ramadan gehört ihnen der Tag. Hunde gelten als unreine Geschöpfe und werden von den Menschen nicht geschätzt. Sie sind auch keine Haustiere und treiben sich in wilden Rudeln in den Abfallhaufen herum.

Die ersten sind die kleinen Kinder, die abends schon früher von der Müdigkeit überwältigt werden als die Erwachsenen und die deshalb am Morgen früher aufwachen. Sie spielen auf den leeren Straßen, ohne von den Autos gestört zu werden.

Ich bin schon früh auf und gehe durch die leere Stadt spazieren. Nur ein paar Frauen entdecke ich in den Gärten, als ich auf der alten Lehmmauer um die Stadt gehe. Die Frauen wurden von ihren kleinen Kindern geweckt und müssen ihre Babies stillen oder die Tiere füttern, die sich auch nicht an den Ramadan gewöhnen können. Einkaufen kann man erst wieder gegen Abend, und das Verkehrschaos wird kurz vor Sonnenuntergang unerträglich. Alle sind hungrig und wollen schnell ihre Einkäufe erledigen. Zum Ende des Ramadan, nach vier Wochen, werden die Autofahrer immer gereizter. Die Hochstimmung vom Beginn des Ramadan ist dann abgeebbt. Ich vermeide, kurz vor Sonnenuntergang mit dem Auto zu fahren, weil ich nicht in einen Unfall verwickelt werden will.

Das Ende des Ramadan erlebe ich nicht mehr mit, weil ich zu meinem Freund nach Westafrika fliege und meine Schulferien dort verbringe. Meine Freundinnen glauben, ich fliege nach Hause. Wie soll ich ihnen auch erklären, warum ich – allein – nach Afrika fliege anstatt zu meiner Familie. Ich kann ihnen nicht erzählen, daß ich vier Wochen bei meinem Freund leben werde, um alles nachzuholen, was ich bei ihnen entbehren mußte.

Rückkehr aus dem Urlaub

In Afrika merke ich, daß ich sie vermisse, meine Freundinnen und das arabische Leben. Im Jemen bin ich wegen meiner Arbeit und Persönlichkeit beliebt, in Afrika bin ich nur die Freundin eines Mannes und habe wenige Kontakte zu den Menschen. Obwohl ich schöne Eindrücke mit zurückbringe, freue ich mich auf den Jemen. Meine Freundinnen, die mich als gleichgestellte Partnerin behandeln, sind ein krasser Gegensatz zu den vom Kolonialismus geprägten Afrikanerinnen, die ich traf.

Meine Arbeit wartet auf mich, und ich bin gespannt darauf, wie es nach den Ferien weitergeht. Zur Zeit möchte ich an keinem anderen Ort in der Welt sein als im Jemen. Bei meinem Rückflug quer über den afrikanischen Kontinent klopft mein Herz, als flöge ich nach Hause.

Zurück in Sanaa, brauche ich einige Tage, um mich wieder an das Klima und die Höhe von 2400 Meter zu gewöhnen. Statt der Fahrräder in Westafrika sehe ich wieder die Hektik der vielen Toyotas, die laut hupend und Staub aufwirbelnd durch die Straßen rasen.

Inzwischen fahre ich selbst sehr sicher in diesem Verkehrschaos und habe mich daran gewöhnt, daß es keine festen Verkehrsregeln gibt. In jeder Situation muß man aufpassen, darauf achten, was die anderen tun, und flexibel entscheiden, wie man sich selbst verhält. Mit dem Verkehr ist es genauso wie mit dem übrigen Leben in diesem Land. Autofahren heißt Blickkontakt unter den Autofahrern, Handzeichen und Mimik. Gehupt wird immer. Wenn ein Soldat oder Polizist den Verkehr regelt, behandelt er die Verkehrsteilnehmer wie Schüler. Einer wird gelobt wegen Wohlverhaltens, dem anderen schlägt er mit der Faust auf das Auto oder wirft einen Stein hinterher, weil der Fahrer nicht gehorcht. Zwischendurch grüßt er einen seiner zahlreichen Verwandten, der zufällig vorbeikommt, oder sieht sich nach einer westlichen Frau um.

In Gadima kennt mich später der Verkehrspolizist, und wenn ich vorbeikomme, springt er in die Mitte der Kreuzung und regelt den Verkehr so, daß es für mich am günstigsten ist. Während westliche

Frauen in Saudi-Arabien gar nicht fahren dürfen, mache ich im Jemen nur positive Erfahrungen. Die Männer verhalten sich meist extrem vorsichtig und rücksichtsvoll, wenn sie bemerken, daß eine Frau am Steuer sitzt. Sie gehen davon aus, daß eine Frau ohnehin nicht gut fahren kann, und passen besonders auf. Ihr anerzogenes Verantwortungsgefühl für Frauen läßt sie erst einmal behilflich sein, und erst dann kommt ihre Reaktion als Mann, der selten Frauen sieht. Sie starren mir hinterher oder rufen mir Bemerkungen zu.

Insgesamt zeigen sie jedoch Anerkennung, für westliche Frauen, die Auto fahren können, genauso wie sie Bildung und Selbstbewußtsein bei westlichen Frauen schätzen. Aber sie ziehen auch eine scharfe Trennungslinie zwischen dem, was sie an uns schätzen, und dem, was sie ihrer Frau, Tochter, Schwester zugestehen würden. Jemenitinnen sind einfach anders, sagen sie.

In Sanaa besuche ich einen Vortrag der jemenitischen Frauenunion und höre ihrer Vorsitzenden zu, wie sie erzählt, warum sie keinen Schleier mehr trägt und wie ihr Studienweg verlief. Sie erklärt, der Koran fordere nur, die Frau solle ihre Haare und den Körper bis zu den Füßen und den Handgelenken verdecken, vom Gesicht sei nicht die Rede. Es heiße, der Mann solle zu einer Frau wie durch einen Vorhang sprechen, was nicht bedeuten müsse, daß der Vorhang vor dem Gesicht der Frauen zu hängen hat, sondern auch symbolisch gemeint sein und bedeuten könne, daß der Mann eine fremde Frau nicht anstarren darf.

Bei dem Vortrag sind auch einige jemenitische Männer anwesend, die sich selbst als moderne Muslime bezeichnen. Ihre Ehefrauen aber haben sie nicht mitgebracht. Sie befürworten zwar Bildung für Mädchen vor der Ehe, arbeiten sollte eine Ehefrau jedoch ihrer Ansicht nach nicht. Dafür gäbe es doch schließlich die Ehemänner, die für ihre Frauen sorgen würden. Die Jemenitin der Frauenunion ist aktive Mitarbeiterin beim Fernsehen und hat in Amerika studiert. Sie widerspricht ihren männlichen Landsleuten energisch, und einer reagiert böse: «Was wollt ihr Frauen denn», fragt er, «wollt ihr genauso werden wie Männer?»

Ich fühle mich weit zurückversetzt in unsere Geschichte, die der westlichen Frauenbewegung. Der erzürnte Jemenit argumentiert mit unserer westlichen Gesellschaft, die in seinen Augen sehr kaputt sei. Ehescheidungen, Prostitution, betrogene Ehepartner, uneheliche Kinder, Vereinzelung, Elend durch mangelnden Familienzusammenhalt – die Liste seiner Anklagen ist lang, und wenn die jemenitischen Frauen den gleichen Weg gehen wollen, dann erwarte sie keineswegs in jeder Hinsicht eine Verbesserung. Die Jemenitin stellt klar, daß sie das nicht will. Sie wolle ihren eigenen Weg finden, der sich ableitet aus ihrer Kultur und Religion. Ich wünsche ihr von ganzem Herzen, daß diese Frauen ihren eigenen Weg finden.

Eine wichtige Hilfe dabei ist die Frauenbildung. Wie viele Frauen werden mir noch begegnen, die nicht gelernt haben, ihren Verstand zu gebrauchen, weil es dafür immer einen Mann in ihrem Leben gab.

Die Sommerpause dauert immer noch an, wie ich nun erfahre, und zusammen mit dem Ramadan ist der Schulbetrieb fast drei Monate eingestellt. So bleibt mir nichts anderes übrig, als abzuwarten.

Bei einer Hebamme in einem kleinen Bergdorf

Meine Freundin und Kollegin arbeitet als Hebamme in einem kleinen Bergdorf, wo sie von einem schlecht ausgerüsteten Gesundheitszentrum aus die ganze Umgebung versorgt. Ich fahre zu ihr, um ihr zu helfen und um ein paar medizinische Erfahrungen zu sammeln.

Das erste Mal erlebe ich Geburten, und für mich ist das ein Schlüsselerlebnis. Die Frauen, die bei Gela entbinden, finden es ganz normal, daß eine andere westliche Frau dabei ist. Sie bringen auch immer mehrere Frauen mit, und außerdem denken sie ohnehin, daß jede westliche Frau eine «duktura» (jeglicher medizinischer Beruf) ist.

Mit meiner Freundin Gela verbindet mich, daß wir uns beide während unserer Vorbereitungszeit in Männer verliebt haben, die jetzt in weit entfernten Ländern arbeiten. So sitzen wir oft zusammen und reden über unsere Lieben und Leiden.

Eines Abends klopft es plötzlich an der Tür. Der Wächter des Gesundheitszentrums ruft sie zu einer Geburt. Ich gehe mit und erwarte dieses Erlebnis mit sehr gemischten Gefühlen. Gela stellt der stöhnenden Frau die nötigen Fragen und erfährt, daß sie schon mehr als 24 Stunden in den Wehen liegt. Ihr Mann hat sie in über vier Stunden Fahrt auf einer holperigen Bergpiste in das Gesundheitszentrum gefahren. Jetzt sind ihre Wehen so stark, daß die Geburt nicht mehr lange auf sich warten läßt. Gela sagt, so sei es oft, nach der anstrengenden Fahrt über die Berge käme das Baby meist sehr schnell, und die Leute würden dann die gute «duktura» loben, die das zustande gebracht habe.

Ich muß der Frau die Hand halten und ihre Stirn mit einem feuchten Tuch abtupfen. Die Frau ist kraftlos. Sie hat bereits sieben Kinder geboren, von denen nur vier leben. An diesem Kind ist sie nicht sehr interessiert. Die «duktura» soll es nur schnell herausholen, stöhnt sie, damit sie nicht sterben muß.

Gela stubst mich sanft an und sagt, ich mache ein Gesicht, als sollte ich selbst ein Kind gebären. So fühle ich mich auch und leide bei jeder Wehe mit der Frau mit. Als das Kind dann endlich seinen Weg findet, ruft mich Gela, damit ich den großen Moment nicht verpasse. Die schwarzen Haare sind schon zu sehen und bilden einen heftigen Kontrast zu der rasierten Frau. Gela schützt mit ihren Händen den Damm, und eine der begleitenden Frauen stützt den Rücken der Gebärenden. Sie hockt auf der Erde, wie es Tradition im Jemen ist. Ich kann nicht helfen und bin wie erstarrt.

Da ist das Baby auch schon unter einem letzten Aufschrei der Mutter draußen. Ihre Freundin hatte während der ganzen Zeit Allah um Barmherzigkeit gebeten, und auch die Gebärende rief unter den Schmerzen der Wehen immer wieder Allah um seinen Beistand an.

Gela nabelt das Baby ab. Es ist ein sehr kleiner Junge. Sie legt ihn in ein Handtuch gewickelt beiseite, nachdem sie seine Atemwege befreit hat, und kümmert sich um die Nachgeburt der Frau. Mit einer leichten Bauchmassage holt sie sie heraus und erklärt mir, daß immer zuerst die Mutter versorgt wird, damit diese nicht verblutet.

Man gratuliert der Mutter nicht, bevor auch die Nachgeburt heraus ist, weil viele Frauen, die ohne medizinische Hilfe entbinden, wie es üblich ist, noch an der Nachgeburt verbluten.

Als die Mutter versorgt ist, wird das Baby gewaschen und gewickelt. Nicht zu fest, erklärt Gela der Frau, denn die Babies im Jemen werden in den ersten Lebenswochen sehr stark eingeschnürt, so daß sie nicht einmal ihre Arme bewegen können. Es ist schwer, diese Sitte abzuschaffen, aber eine Veränderung ist möglich.

Ich darf das Baby in den Arm nehmen und finde es wunderschön. Jetzt kann ich der Mutter gratulieren und ihr das Kind geben. Doch sie weist es von sich. Sie will es nicht einmal sehen. Zuviel hat sie gelitten für eine Schwangerschaft, die sie nicht wollte. Noch ein Kind mehr, noch mehr Arbeit, anstrengende neun Monate und die Schmerzen bei der Geburt. Sie muß es zwar über sich ergehen lassen, weil es ihre Pflicht ist, aber jetzt ist sie müde und möchte ihre Ruhe haben.

Einen Namen weiß sie nicht, irgendeinen, murmelt sie, wir sollen uns einen ausdenken. Die Kinder werden in der ersten Zeit oft umbenannt. Manchmal haben Vater und Mutter unterschiedliche Vorstellungen und nennen das Kind mit anderen Namen. Ausschlaggebend ist letztlich der Vater, denn ihm gehören die Kinder. Er hat sich die Gebärfähigkeit und Sexualität der Frau durch den Brautpreis gekauft und kann darüber verfügen. Bei einer Scheidung gehören die Kinder ihm, und nur wenn sie noch sehr klein sind, bleiben sie eine Zeit bei der Mutter. Dafür zahlt der Mann ihr ein sogenanntes Milchgeld. Ist das Kind fünf bis sieben Jahre alt, muß es zur Familie des Vaters gebracht werden. Die Frauen im Haus des Vaters versorgen das Kind, entweder seine neue Frau oder seine Schwestern, Schwägerinnen, seine Mutter oder seine Töchter. Die geschiedene Frau geht zu ihrem Vater zurück und kann ohne Kinder vielleicht noch einmal verheiratet werden.

Jede Geburt beinhaltet für die Gebärende auch die Möglichkeit des Todes. Oft wird es ihnen vor Augen geführt, wenn in ihrer Familie eine Frau stirbt, weil sie nicht rechtzeitig ärztlich versorgt werden konnte.

Das Gesundheitszentrum ist ein großer Fortschritt für diese ländliche Region, in der es sonst keine medizinische Versorgung gibt. Nur kritische Fälle werden dorthin gebracht, und das sind Frauen, die vor ein paar Jahren noch mit ziemlicher Sicherheit gestorben, deren Kinder mit Geburtsschäden oder tot auf die Welt gekommen wären. Es gibt kaum traditionelle Hebammen, und meist entbinden die Frauen zu Hause mit Hilfe ihrer weiblichen Verwandten, deren einzige Ausbildung darin besteht, daß sie selbst schon viele Kinder geboren haben.

Leben und Tod sind nahe beieinander, und die Frauen fügen sich in ein Schicksal, das Allah so für sie vorherbestimmt hat.

Am nächsten Morgen wird ein besonders schlimmer Fall gebracht. Das Becken der Frau ist zu klein für den Kopf des Kindes. Die Familie der Frau hat schon zu lange gewartet, bevor sie in das Gesundheitszentrum gebracht wurde. Da sie bereits einmal mit einem Kaiserschnitt entbunden hatte, fürchtete sie sich vor einer erneuten Operation. Gela hat auch keine Ausrüstung für Operationen. Die Frau muß in das zwei bis drei Stunden entfernte nächste Krankenhaus überwiesen werden, wo das Leben von Mutter und Kind vielleicht noch gerettet werden kann.

Gela fragt die Freundin der Frau, die sie begleitet hat, nach dem Vater des Babys. Der sei in seinem Dorf geblieben, winkt sie ab, er sei schon so alt und könne sich die Belastung der langen Fahrt auf der Bergpiste nicht mehr zumuten. Ein Sammeltaxi ist nicht aufzutreiben, und Gela möchte die Schwangere auch nicht allein fahren lassen. Wir entschließen uns kurzerhand, die Frau zu transportieren, und gehen damit ein Risiko ein. Falls die Frau unterwegs stirbt und der Ehemann uns zur Rechenschaft zieht, kann das sehr problematisch werden. Andererseits ist er nicht zu erreichen, und die Frau befindet sich in Lebensgefahr. Der Weg im Vierrad angetriebenen Wagen ist lang. Mit der stöhnenden Frau im Auto mag ich nicht so schnell über die holperigen Pisten fahren. Wenn es zu sehr holpert, kann die Gebärmutter platzen, und wenn es zu lange dauert, weil ich langsam fahre, kann das gleiche passieren.

Gela versorgt die stark blutende Frau so gut wie möglich, zwischendurch horcht sie nach den Herztönen des Babys. Als wir endlich im Krankenhaus ankommen, hört sie das kleine Herz nicht mehr. Die Frau wird sofort in den OP gebracht. Wir warten. Keine von uns mag sprechen, denn wir wissen, daß nicht viel Hoffnung ist.

Dann erscheint die Operationsschwester und bringt ein kleines, in Packpapier gewickeltes Bündel. Sie legt es der begleitenden Freundin der Frau in die Arme. Es war ein kräftiges Mädchen und hätte überleben können, wenn die Mutter rechtzeitig in das Krankenhaus gekommen wäre.

Die Mutter kann gerettet werden, doch muß ihr die geplatzte Gebärmutter entfernt werden. Dies war ihr letztes Kind. Auf dem Rückweg liegt der Geruch von Fruchtwasser, Blut und Tod im Auto, der in der Wärme sehr schnell unangenehm wird. Die Freundin der Frau trägt das tote Mädchen und bringt es zurück in das Dorf, wo die männlichen Verwandten es begraben werden. Ein paar zusammengesuchte Steine werden das Grab zieren, wie die übrigen Gräber, und die Mutter wird den Friedhof nicht betreten. Dort haben Frauen nichts zu suchen. Einen Gräberkult wie in westlichen Ländern gibt es hier nicht. Die Mutter des Kindes bleibt noch ein paar Tage im Krankenhaus, weil unter den hygienischen Bedingungen im Bergdorf ihre Narbe nicht verheilen kann.

So wie diese junge Frau, die an einen alten Mann verheiratet wurde, gibt es viele Mädchenschicksale.

Gela erzählt von Mädchen, die vor der Geschlechtsreife verheiratet wurden und dann mit Vaginarissen zu ihr gebracht wurden. Die Eltern brachten die Tochter nicht nur aus Mitleid, sondern um ein Gutachten von Gela zu bekommen und um damit Schmerzensgeld vom Ehemann fordern zu können. Der Ehemann macht sich schuldig, wenn er Verkehr mit dem Mädchen hat, bevor es geschlechtsreif ist. Dafür muß er bezahlen, mehr geschieht ihm nicht. Das Ganze wird wie ein Kavaliersdelikt behandelt.

Welche psychischen Folgen für das Mädchen daraus entstehen, ist nicht wichtig. In einer Familie erlebte ich, wie ein Mädchen scheinbar grundlos zu weinen begann. Niemand kümmerte sich mehr darum, denn es geschah häufiger. Irgendwann werde sie schon wieder aufhören, meinten die anderen Frauen. Was sollten sie auch tun, zu viel

Elend macht hart. Dieses Mädchen war auch jung verheiratet worden. Auf der Fahrt zurück in das Dorf gehen mir diese Gedanken durch den Kopf, und ich rieche das tote kleine Mädchen, dem so ein Schicksal erspart geblieben ist.

Ein paar Tage in diesem Dorf, und ich habe vier Heiratsanträge. Warum ich keinen Jemeniten heiraten wolle, wird immer wieder gefragt. Sie würden gut für mich bezahlen, bieten sie an. Wem würden sie das Geld geben, überlege ich, wo ich doch ohne Familie hier bin. Mich selbst fragen sie nicht, denn das wäre «aib» (Schande). Gela muß solche Verhandlungen für mich führen; obwohl sie ein paar Jahre jünger ist als ich, ist sie eine Autorität in diesem Dorf und als meine Gastgeberin die nächste Ansprechperson.

Besonders schlimm wird es mit einem Mann, den wir bei einer Theatervorführung der Dorfjugendlichen treffen. Er hat schon zwei Frauen, sieht sehr gut aus und ist tatsächlich etwas älter als ich, während die meisten Bewerber jünger sind.

Die jungen Männer des Dorfes führen ein selbstgeschriebenes Theaterstück auf, und darin kommt zum Ausdruck, was ich sonst kaum bemerke, daß es im Jemen auch so etwas wie einen Generationskonflikt gibt. Heiße Themen werden in dem Stück angepackt, wie zum Beispiel die Ignoranz eines Bürgermeisters für die Probleme des Dorfes oder die Bezahlung des Brautgeldes. Ein aus dem Ausland zurückgekehrter Student will plötzlich seine Schwester umsonst verheiraten und spricht englisch mit seinem Vater. Statt des traditionellen Männerrocks trägt er Jeans und hat westliche Ideen im Kopf. Die Jugendlichen haben das alles in ihrer Umwelt erlebt und daraus eine Komödie gemacht. Die Zuschauer des Dorfes sind begeistert und stürmen während der Vorstellung auf die Bühne, um ihren Helden zum Anfassen nahe zu sein. Schließlich muß die Dorfpolizei eingreifen, weil mehr Zuschauer als Schauspieler auf der Bühne sind. Das Publikum ist nicht zu bremsen, so begeistert sind sie.

Mein Verehrer übersetzt Gela und mir die Sprache in leichtes Arabisch, soweit wir es nicht selbst verstehen. Nach der Vorführung hält er mich am Arm fest, als wir nach Hause gehen wollen. Doch ich reiße mich los, und im Gewühl der heimkehrenden Männer und Jungen können wir entkommen. Außer uns waren keine Frauen anwesend, denn das Theaterspiel wurde abends aufgeführt. Gela fühlt sich sicher in diesem Dorf, weil sie hier als Hebamme eine geachtete Person ist. Sicher sind wir wohl auch gewesen, aber die Phantasie der Männer fängt bei unserem Anblick an zu arbeiten. Der Ausnahmestatus, den wir haben, weil wir als Frauen sichtbar sind und uns frei bewegen, macht den Männern das Leben schwer. Sie sind sonst nur unter sich und können sich tagsüber bestenfalls von den vorbeischleichenden schwarzen Gestalten anregen lassen, die nur noch Hände und Füße sehen lassen. Wir sind eine Belastung für ihre Sinne. Manchmal fragen mich jemenitische Männer, ob es in unserer Gesellschaft keine Probleme mit sich bringen würde, daß Männer und Frauen so nah zusammen wären und sich ständig sehen könnten. Ich versuche ihnen zu erklären, daß das in unserer Kultur ganz gewöhnlich ist und zur Störung der Moral mehr notwendig ist als das Gesicht einer Frau. Manche verstehen es, andere halten unsere Gesellschaft für total unmoralisch. Sie haben in Magazinen gesehen, daß die Frauen nicht nur nicht verschleiert sind, sondern in der westlichen Welt auch noch halb nackt herumlaufen. Eingeschmuggelte Pornomagazine tragen ebenfalls zur Beurteilung der westlichen Frauen bei. Sie glauben einen Teil dessen, was sie da sehen oder lesen. Stimmt es, fragte mich einmal ein Mann, daß bei euch die Frauen nackt durch den Garten laufen oder zwanzig Freunde haben? Er hatte einen Artikel über die Flitzer gelesen.

Nie vorher habe ich so im Mittelpunkt des sexuellen Interesses gestanden, soviel ausgelöst, wenn ich durch die Straßen ging, obwohl ich immer angepaßt gekleidet war. Nie vorher war ich gleichzeitig dazu verdammt, ein so armseliges sexuelles Leben zu führen wie in diesem Land, das durch seine Kultur persönliche Freiheiten extrem einschränkt. Dabei sind die Jemeniten sehr attraktive Männer, die mit ihren schwarzen Locken und langen, weißen Kleidern, mit ihrem Dolch und Turban sehr majestätisch aussehen.

Am nächsten Morgen ist mein Verehrer schon wieder bei Gela und fragt nach meinem Preis. Sie schmeißt ihn hinaus und schimpft laut, damit es alle hören können, daß jemand so wenig Anstand hätte und ihren Gast belästigte. Danach läßt er uns in Ruhe, denn das Gastrecht ist heilig, und zu viele Leute haben Gela schimpfen gehört.

Wenig später wird eine Frau gebracht, und Gela läßt mich in das Gesundheitszentrum rufen. Der Ehemann ist sehr besorgt um seine Frau. Er scheint sie zu lieben. Sie ist eine Ausnahme, weil sie sich schon durch Voruntersuchungen auf die Geburt vorbereitete. Die anderen Frauen kommen meistens erst, wenn es Komplikationen gibt. Obwohl bei dieser jungen Frau keine Probleme zu erwarten sind, möchte sie bei Gela entbinden. Viel zu früh kommt sie und bringt einige Freundinnen mit. Eine Weile muß sie noch im Geburtszimmer auf Gela warten, die inzwischen ihre Sprechstunde weiterführt. Dort warten jeden Tag Frauen mit allen möglichen gynäkologischen Problemen, weil es weit und breit nur Gela gibt, die ihnen helfen kann.

Einige kommen zur Nachuntersuchung nach einer Geburt und bringen ihr Baby mit, das gleich zum Wiegen und eventuell zum Impfen weitergeschickt wird.

Eine möchte wissen, ob sie schwanger ist, und atmet auf, als Gela es nach der Untersuchung verneint. Alhamdullilah (Gott sei Dank) ist sie nicht schon wieder schwanger, meint sie. Eine andere möchte gern schwanger werden und wird es nicht. Sie ist achtzehn und noch sehr kindlich in ihrer Art, obwohl sie körperlich ausgewachsen aussieht. Gela fragt sie nach ihrer Periode aus und untersucht sie. Alles scheint normal zu sein, trotzdem wird die Frau nicht schwanger, obwohl sie schon fünf Jahre verheiratet ist. Mit solchen Problemen vertraut, stellt Gela die naheliegendste Frage. Ob denn der Ehemann überhaupt zu Hause sei oder ob er in Saudi-Arabien arbeite wie viele Männer aus dieser Gegend. Im Moment sei er zu Hause, gibt die Frau an, aber vorher sei er mehrere Jahre in Saudi-Arabien gewesen.

«Ja Salam», ruft Gela aus, «wie willst du dann schwanger werden, meine Schwester?» Die Frau zuckt die Schulter, das wisse sie nicht, das läge bei Allah.

Gela läßt den besorgten Ehemann kommen und erklärt ihm ein fast immer wirkendes Mittel. Die Frau bekommt zwei bis drei Monate die Pille und soll dann, nachdem sie wieder abgesetzt wird, schwanger werden. Er ist betroffen, nicht wegen der Pille, sondern weil er mit seinen alten Vorstellungen glaubt, er dürfe jetzt nicht mit seiner Frau schlafen, da sie ja kein Kind zeugen können. Nachdem er so viele Jahre in Saudi-Arabien war und darauf gewartet hat, soll er nun womöglich noch weiter warten? Nein, da ist die «duktura» großzügig, sie könnten auch jetzt schon, wenn sie Lust hätten.

Zufrieden zieht das Paar ab, und wir kümmern uns nun um die Gebärende im Nebenzimmer. Gela erklärt ihr genau, was mit ihr geschieht, und zeigt ihr mit der Hand, wie weit der Muttermund schon offen ist. Auch die zwei Freundinnen der Frau helfen mit Trost und Massagen. Es ist eine schöne Geburt, und ich wünsche mir, falls ich einmal ein Kind bekomme, daß es auch in so einer entspannten Atmosphäre zur Welt kommt.

Den wartenden Ehemann schickt Gela auf den Suq (Markt), um seiner Frau ein neues Kleid zu kaufen. Die Frauen entbinden in ihren normalen Kleidern und bluten diese samt der langen Unterhosen voll. Manche Frauen freuen sich mehr über das neue Kleid als über ein weiteres Kind.

Als das Baby endlich zur Welt gekommen ist, möchte die Mutter es gleich sehen, und ich soll es auch dem Vater zeigen. Sie hat schon ein Mädchen, und dies ist ein Junge. Mit dem kleinen Bündel im Arm gehe ich auf den Gang, wo der Vater mir aufgeregt entgegenkommt. Als erstes will er wissen, wie es seiner Frau geht, und dann nimmt er sein Kind freudestrahlend in den Arm. Ich lobe die Tapferkeit seiner Frau, obwohl sie ziemlich wehleidig war. Sie wollte jedoch nicht, daß er das sah, und ließ ihn auch nicht an der Geburt teilnehmen. Selten seien die Männer dabei, meint Gela, entweder hätten sie kein Interesse, oder die Frauen würden sich schämen, wenn ihr Mann sie so erlebte. Inzwischen ist die junge Mutter wieder in ihren schwarzen Scharschaff (schwarzer Rock, Augentuch, Kopfüberhang) gehüllt und wird, von ihren Freundinnen gestützt, hinausgeführt. Dort wartet ihr Mann auf sie, um sie mit dem neuen Baby nach Hause zu fahren. Die junge Frau kann sich kaum auf den Beinen halten und braucht die Hilfe der Freundinnen. Als sie geht, dankt sie Gela und mir und ruft Allahs Segen auf unsere Schultern. Gela meint lachend, daß sie schon ganz schwere Schultern habe, weil ihr nach jeder Geburt soviel darauf gelegt werde. Wir sind froh über die glückliche Geburt und genießen unseren freien Nachmittag mit einem Spaziergang.

Die Umgebung des Dorfes ist so schön, daß wir es scherzhaft einen Kurort nennen. Es fließt ein Wadi (Regenwasserlauf) durch das Tal unter dem Dorf, und zu beiden Seiten des Wadi sind Terrassen angelegt mit Bananenpflanzen, Kaffee, Weizen, Hirse und vielem mehr. Hinter den grünen Terrassen erheben sich gewaltig und zerklüftet die Berge. Um in das Dorf zu gelangen, muß man von der letzten Teerstraße noch mehrere Stunden über eine steinige Paßstraße fahren, von der aus es atemberaubende Weitblicke auf die grünen Terrassen, den Wadi und kleine Dörfer gibt. Wir laufen entlang dem Wadi und genießen die Stille. Außer ein paar Bauern und Kindern, die auf den Feldern arbeiten, treffen wir niemanden.

Es ist wunderschön und erholsam, aber dort zwei Jahre zu leben kann auch sehr einsam sein. Gela freut sich deshalb sehr über Besuch. Wir haben uns viel zu erzählen, weil wir beide so begeistert von diesem Land sind. In den kommenden Ferien, nach einem Jahr, werde ich wieder ein paar Tage bei ihr verbringen und an ihrer Arbeit teilhaben. Doch jetzt beginnt mein neues Schuljahr in Gadima, und hoffnungsvoll fahre ich in meine kleine Stadt, um in meinem Projekt die Frauenbildung weiterzuführen.

Kleine Schritte führen auch vorwärts

Viele kleine und große Hindernisse erwarten mich in Gadima. Manchmal wünsche ich mir, meine Schülerinnen und die Bildungsbehörde würden mit dem gleichen Bedürfnis nach Bildung an mich herantreten, wie es die Menschen nach Gesundheitsversorgung in Gelas Arbeitsbereich tun. Trotzdem möchte ich nicht den Beruf tauschen, weil mir gerade diese Schwierigkeiten deutlich machen, wie gern ich Lehrerin bin.

Durch meine Arbeit bekomme ich Kontakt zu vielen neuen Familien und nehme jede Einladung wahr. Ich suche den Umgang mit den Frauen und Mädchen.

Meine Freundinnen aus der Nachbarschaft haben mich schon sehr vermißt und gefürchtet, ich käme nicht wieder. Jetzt ist die Freude groß. Wie es meiner Familie geht, wollen sie wissen, ob alle gesund seien? Jedes einzelne Familienmitglied, das ich einmal erwähnte, wird erfragt. Dazu gehören auch meine zwei Brüder, die ich immer mit aufzählte, ohne daß ich tatsächlich Brüder habe. Diese Vorsichtsmaßnahme habe ich mir zu Beginn überlegt, falls ich einmal Besuch männlicher Freunde bekommen würde. Bei meinen Erzählungen flechte ich auch ein, daß ich meinen Bruder in Afrika auf dem Rückflug besucht habe, um nicht nur zu lügen.

Für die Mädchen sind die Entfernungen jedoch so unvorstellbar, daß es alles gleich ist. Europa, Afrika, alles liegt weit von Gadima entfernt und ist für sie unerreichbar. Auf einer Landkarte will ich ihnen zeigen, wo mein Bruder lebt, und frage sie zunächst, wo sie den Jemen vermuten. Obwohl einige der Mädchen schon sieben Jahre zur Schule gegangen sind, deuten sie auf das größte «Land» in der Mitte der Welt und vermuten, daß das der Jemen sei. Es ist der afrikanische Kontinent.

Trotz ihrer überschwänglichen Begrüßung bin ich in den ersten Wochen noch sehr mit meinem Trennungsschmerz beschäftigt. Mir fällt es schwer, die vielen Besuche abzustatten, die die Jemenitinnen nach meiner Rückkehr von einer Reisenden erwarten. Es fällt mir auch schwer, unbefangen mit ihnen zu plaudern, wo meine Gedanken noch in Westafrika sind.

Ich schreibe sehnsüchtige Briefe und warte auf einen versprochenen Besuch, der nie kommen wird. Meine Freundinnen spüren, daß ich traurig bin, und denken, es sei wegen meiner Familie.

Inzwischen habe ich auch ein paar westliche Freunde aus einer Gruppe von Missionarinnen gefunden, die ich ab und zu besuchen kann, wenn mir die Decke auf den Kopf fällt und ich mit Menschen aus meiner Kultur sprechen möchte.

Nach etlichen Verwaltungsgängen entscheidet sich endlich, daß ich die benötigten Räume erhalte, um eine Schulküche in der Altstadt und eine in der Neustadt einrichten zu können. Außerdem bekomme ich einen Raum für meine neue Kollegin – eine Textillehrerin – die in Kürze eintreffen soll. Ich freue mich sehr auf sie, weil ich dann endlich die Erlebnisse mit den Frauen teilen kann und die vielen Eindrücke und Probleme mit jemandem besprechen kann.

Als Pea ein halbes Jahr nach mir eintrifft, habe ich ein umfangreiches Besuchsprogramm vorbereitet, um sie all den Familien vorzustellen, die ich inzwischen kenne. Die Menschen nehmen eine Freundin von mir auch als ihre Freundin an. Für Pea ist es sicher keine einfache Situation. Mit ihr sehe ich, wie bekannt ich schon bin. Viele sprechen Pea mit meinem Namen an und rufen meinen Namen hinter uns her, wenn wir durch die Stadt laufen. Die Frauen merken schnell, daß sie in der arabischen Sprache noch nicht soweit ist, und wenden sich aus Bequemlichkeit an mich. Sie berücksichtigen nicht, daß ich ihr ein halbes Jahr aktiven Sprachgebrauch voraus habe, und haben vergessen, daß ich anfangs ebensowenig verstand wie Pea.

Den Frauen ist es auch schwer begreiflich zu machen, daß es für uns nicht leicht ist, Arabisch zu lernen, weil sie ihre Sprache doch schon seit ihrer Kindheit beherrschen und sie nicht so schwer finden.

Nur eine kleine Gruppe von Bildungsmädchen, die sich seit Jahren mit mäßigem Erfolg abmühen, Englisch zu lernen, wissen unsere Sprachkenntnisse zu schätzen. Ihre Voraussetzungen, Englisch zu lernen, sind allerdings auch viel schlechter als unsere Möglichkeiten, Arabisch zu lernen. Sie treffen selten auf englischsprechende Frauen, und ihre ägyptischen Lehrerinnen beherrschen selbst nur so wenig Englisch, daß sie auch mit uns lieber Arabisch sprechen.

Vor Peas Ankunft hatte unser Schuldirektor ein Männertreffen in der Neustadt organisiert und den Männern der Stadt beim Qatkauen darüber berichtet, was die deutschen Lehrerinnen unterrichten würden.

Er fragte, ob sie ihre Töchter und Ehefrauen in das Bildungszentrum in der Neustadt schicken würden, und erhielt von den Altstadtfamilien eine deutliche Absage. Mit einem Unterricht in der Altstadt waren sie jedoch einverstanden. Einige Männer der Neustadt willigten ein, ihren Frauen eine Teilnahme am Bildungsangebot in der Neustadt zu erlauben, falls die Frauen Lust dazu hätten. Ein erster wichtiger Schritt war getan.

Ein einflußreicher, älterer Mann aus der Neustadt erklärte sich bereit, mich seiner Frau vorzustellen, die mir dann Kontakte zu den anderen Neustadtfrauen vermitteln sollte. Er war vor der Revolution ein einflußreicher Mann gewesen und zählte immer noch zu den einflußreichen und konservativen Kreisen, aus denen eine Ablehnung unserer Arbeit das ganze Projekt gefährdet hätte.

Mein Schuldirektor bringt mich zum Haus des alten Mannes, das er nicht betreten darf, wenn die Frauen sich dort versammeln. Der alte Mann nimmt mich wie eine Tochter an der Hand und führt mich zu seiner Frau, die Qat kauend mit ihren Töchtern und Schwiegertöchtern in einem Raum sitzt. Er stellt mich kurz vor, während der Fernseher läuft und die Kinder in dem Raum spielen, und überläßt mich dann der Neugier der Frauen.

Sie überfallen mich mit den üblichen Fragen, die zu beantworten mir jetzt schon so vertraut geworden ist. Bin ich verheiratet? Nein, ich bin geschieden. Oh! Warum nur, ich sehe doch gut aus, hatte der Mann keinen Verstand? Der Einfachheit halber nicke ich mit dem Kopf und hoffe, mein Exmann verzeiht mir, wenn er das einmal erfährt. Sie erwarten auch keine richtige Antwort auf die Frage. Sie wird gestellt, um Mitgefühl zu bekunden.

Ob ich Kinder habe und wie lange die Ehe gedauert hat, möchten sie wissen. Als sie erfahren, daß ich keine Kinder habe, trösten sie mich. Das sei besser so, dann könne ich leichter wiederverheiratet werden. Trotzdem müssen sie noch wissen, warum ich keine Kinder habe. Ob ich die Pille nähme oder ob ich vielleicht – von Allah – unfruchtbar sei? Für eine jemenitische Frau ist es von entscheidender Bedeutung, ob sie Kinder bekommen kann.

Ich könne doch im Jemen wieder heiraten, meinen sie, und ich leite zu meinem Anliegen über. Das wäre schlecht möglich, erkläre ich, weil ein jemenitischer Ehemann seiner Frau das Arbeiten nicht erlauben würde. Ich sei aber gekommen, um hier in Gadima die Frauen zu unterrichten.

Ausführlich erkläre ich mit meinem gebrochenen Arabisch, was ich ihnen beibringen möchte, wo der Unterricht stattfinden soll und was dazu notwendig ist. Gebannt lauschen mir einige der jüngeren Frauen. Die ältere hat kein Interesse mehr, nachdem ihre Fragen zu meiner Person beantwortet sind, und sie kaut gemütlich ihr Qat weiter und zieht an der Wasserpfeife.

Anders die jungen Frauen und Mädchen, sie sind ganz begeistert. Hafida spricht für sie und erzählt mir, daß sie eine Schwiegertochter in dieser Familie ist und weder lesen noch schreiben kann. Mädchenbildung sei früher Schande in ihrer Familie gewesen. Ihre jüngere Schwester dürfe jedoch inzwischen bis zum Alter von zwölf Jahren die Schule besuchen. Hafida ist etwa 22 Jahre alt, genau kann sie ihr Alter nicht angeben. Ihren Mann hatte sie mit vierzehn geheiratet und ihm inzwischen drei Kinder geboren. Im Moment ist sie auch schwanger, aber sie möchte trotzdem bei mir lernen. Ob ich ihnen auch helfen könne, eine Lehrerin zu bekommen, die ihnen Lesen und Schreiben beibringe, fragt sie. Sie dürfe nicht mit meinem Direktor sprechen.

Wir vereinbaren, daß sie einen Nachmittag organisiert, zu dem interessierte Frauen und Mädchen kommen, denen ich dann mit ihrer Hilfe erklären kann, welches Bildungsangebot es gibt. Ich verspreche, daß ich mit dem Schuldirektor verhandeln will, damit sie in Verbindung mit unserem Unterricht auch eine Alphabetisierungslehrerin erhalten.

Bei meinem nächsten Besuch kann ich ihr schon Erfreuliches mitteilen. Sie soll unter den Frauen und Mädchen werben, und wenn sie mehr als fünfzehn Teilnehmerinnen findet, so verspricht die Schulbehörde eine Alphabetisierungslehrerin für das Ausbildungszentrum zu besorgen. Die Frauen reagieren darauf lebhaft und organisieren einen Frauennachmittag, auf dem ich sprechen und Fragen beantworten soll.

Viele glauben Hafida einfach nicht, daß so etwas möglich ist. Zwei Frauen aus Almania wollen sie unterrichten und ihnen helfen, eine Alphabetisierungslehrerin zu bekommen. Das müssen sie mit eigenen Ohren hören. Hafida spricht mit allen ihr bekannten Familien und lädt Interessentinnen in ihr Haus. Mit Herzklopfen gehe ich zu diesem Nachmittag, weil ich weiß, daß es von dem Eindruck, den ich hinterlasse, abhängen wird, ob die Frauen kommen wollen oder nicht.

Eine nach der anderen betritt Hafidas Mafrasch und begrüßt jede der Frauen mit Handküssen, dem formalen Gruß, oder mit Wangenküssen, wenn es sich um Freundinnen oder Verwandte handelt. Die Frauen platzen gleich mit ihren Fragen heraus. Eine nach der anderen möchte von mir wissen, wie der Unterricht aussieht, ob er etwas kostet, vor allem ob zur Unterrichtszeit Männer auf dem Schulgelände sind und zu welcher Zeit der Unterricht stattfinden soll. Ich kann ihnen nur die Zeit von zwei bis vier Uhr nachmittags anbieten, da danach die Männer im Ausbildungszentrum Unterricht haben. Damit sind sie nicht einverstanden, sehen aber mit Murren ein, was sie schon aus ihrem täglichen Leben kennen: Männer haben überall Vorrechte. Sie möchten trotzdem kommen, obwohl es für sie kaum zu schaffen ist. Das Mittagessen wird zwischen vierzehn und fünfzehn Uhr eingenommen, danach müssen sie noch aufräumen, das Nachmittagsgebet sprechen und sich umziehen. Außerdem glauben sie nicht, daß der Unterricht kostenlos sein soll. Schließlich melden sich zehn Schülerinnen, und ich trage ihre Namen in die mitgebrachte Liste ein. Das erzeugt wieder neue Ängste. Wer bekommt die Liste in die Hände, ist es vielleicht unanständig, wenn der Name eines Mädchens darin auftaucht, weil der Name einer Frau nicht in der Öffentlichkeit genannt oder geschrieben werden sollte? Doch die älteren Frauen entscheiden, daß es für eine Schulsache nicht unanständig sei. Schließlich entschließen sich auch die älteren Frauen noch, ihren Namen eintragen zu lassen, damit fünfzehn Teilnehmerinnen zusammenkommen. Sie wollen aber nicht wirklich lernen, sondern nur den jungen Frauen helfen, damit sie eine Lehrerin bekommen.

Hafida ist genauso froh wie ich über dieses Ergebnis. Das erste Mal hat sie sich für ihre Interessen engagiert. Sie hat diesen Unterricht zu ihrer Sache gemacht, ihr Durchhaltevermögen ist deshalb besonders groß. Als die ersten Frauen und Mädchen lieber zu ihren Frauennachmittagen gehen wollen und keine Lust mehr zum Lernen haben, motiviert sie sie immer wieder neu, und so bildet sich ein kleiner Kern von Schülerinnen, die sich dadurch auch sehr eng anfreunden.

Für die Alphabetisierung findet sich eine junge Jemenitin mit Sekundarschulabschluß, eine Ausnahme, denn sonst sind alle Lehrerinnen Ägypterinnen oder aus Syrien oder dem Sudan. Diese junge Frau unterrichtet die Gruppe an den Tagen der Woche, an denen wir in der Altstadt unterrichten, und nimmt selbst an unserem Unterricht teil, wenn wir in das Bildungszentrum der Neustadt kommen.

Nach dem Unterricht besuche ich manchmal Hafida oder eine andere der Schülerinnen und erfahre dabei viel über ihr Leben. Natürlich will auch Hafida viel über mein Leben wissen, und das stellt mir die schwere Aufgabe, ihr eine verständliche Version zu erzählen. Ich kann ihr – genau wie den anderen Frauen – nicht alles über mein westliches Leben erzählen. Sie würde nur ihre Fesseln stärker spüren, ohne daß es in meiner Macht stünde, ihr zu helfen. Nach Ablauf meiner Zeit im Jemen werde ich zurück in meine Freiheit gehen, sie aber muß ihr ganzes Leben hier leben. Sie soll durch meine Schilderungen nicht unglücklich werden, darum bin ich sehr vorsichtig und erfinde, wenn es notwendig ist, auch kleine Geschichten über mich.

Einmal fragte sie mich, wie sich bei uns ein Mann und eine Frau finden. Ich erzählte ihr von der Phase gegenseitigen Kennenlernens, und sie seufzte, das hätte sie sich auch gewünscht. Dann hätte sie Abdul nicht gewählt, er sei nicht sehr lieb zu ihr, sie hätte nur ständig diese Pflichten im Bett und müßte ein Kind nach dem anderen bekommen. Oft finde ich sie nicht im Haus ihrer Schwiegereltern vor, sondern bei ihrer Mutter. Dann nimmt sie ihre Schmollfrist in Anspruch, die einer jungen Frau eingeräumt wird. Es ist allgemein akzeptiert, daß eine junge Frau sich hin und wieder zu ihrer Mutter flüchtet, allerdings nur für ein paar Tage. Hafida ist zu Beginn unserer Bekanntschaft im dritten Monat schwanger und bekommt ihr Baby zum Ende des Schuljahres. Mehrmals besuche ich sie in ihrem Wochenbett, das sie bei der Mutter verbringt. Zum Abschluß der 40 Tage wäre sie gern noch zu Hause geblieben, aber Abdul besteht auf pünktlicher Rückkehr. Ihr Baby ist gesund, und sie sagt, daß sie alles anwende, was sie bei mir gelernt habe. Ganz stimmt das nicht, denn sie hält es nicht lange ohne Qat aus, sie kaut jedoch in der ersten Lebensphase des Babys noch nicht allzuviel und nicht so häufig. Der Qatgenuß hat bei stillenden Müttern zur Folge, daß sie weniger Muttermilch produzieren. Qat braucht die Feuchtigkeit des Körpers, was sich in dem ständigen Wassertrinken qatkauender Leute auch zeigt. Für die Muttermilch bleibt dann nicht genug, und die Babies bekommen zuwenig. Sie weiß das und ist deshalb vorsichtiger als andere junge Mütter, die sich von dem Streß ablenken, indem sie Qat kauen.

Das neue Baby ist ihr drittes Kind, eines ist ihr in früheren Jahren nach einer zu langen Geburt gestorben. Bei einem meiner Besuche kann sie es nicht lassen und versucht zusammen mit der Alphabetisierungslehrerin Zalfa mich zu einer Muslima zu bekehren, wie es vor und nach ihr viele meiner Freundinnen und Schülerinnen versuchen. Wenn unbekannte Frauen auf einem Frauennachmittag solche

Versuche machen, dann berührt es mich nicht mehr so sehr. Bei meinen Freundinnen aber bedrückt es mich. Ich fühle mich belästigt, weil ich ihnen in dieser Hinsicht nur höfliche Entgegnungen geben kann, die aber nicht ausdrücken, was ich gegenüber Religionen – auch der ihren – empfinde. Ich werde dann meist etwas verstimmt, und sie spüren das. Sie sind sehr feinfühlig und entschuldigen sich. Hafida erklärt, sie meinten es nur gut mit mir, weil ich ihre Freundin bin und sie nicht möchten, daß ich in die Hölle komme. Andere Christen könnten ruhig ihren Glauben behalten, aber für mich wünschen sie sich etwas Besseres, den Islam.

Es fällt mir schwer, an ihrer naiven, gefühlsbetonten Diskussion über Religion teilzunehmen. Was soll ich antworten, wenn sie mir als Argument entgegenhalten, daß der Koran dicker sei als die Bibel und der Islam deshalb besser. Daß ich nicht einmal in einer Kirche bin, kann ich schon gar nicht sagen, weil ich dann als Ungläubige (Kaffera) nicht mehr anerkannt würde. Meine intellektuelle Einschätzung von Religion kann ich ihnen gegenüber nicht zum Ausdruck bringen, weil sie sie nicht verstehen würden. Ihre einfache Welt von Gut und Böse, Muslim und Nichtmuslim ist mir zu fern. Irgendwann geben sie auf, aber ich spüre, wie weh es ihnen tut, mich meinem Schicksal zu überlassen, und wie sehr sie für mich hoffen, daß ich durch ein Wunder doch noch den Weg zum Islam finde.

Sehr religiöse Menschen, gleich welcher Religion, ob Christen, ob Muslims, neigen häufig zu Intoleranz. Sie sind so sehr von ihrem Glauben überzeugt, daß ihnen etwas sehr Wichtiges im zwischenmenschlichen Zusammenleben fehlt, das Verständnis und die Stärke, andere zu lassen, wie sie sind. Christliche und islamische Religion verlangt vom Menschen das Vertrauen auf Gott und das geduldige Ertragen von allem, was ihnen auferlegt wird. Alles steht in einem größeren, für den Menschen nicht erfaßbaren Zusammenhang. Das macht auch schreckliche Erlebnisse, wie den Tod eines Menschen, erträglicher. Oft habe ich gehört, wie sich die Frauen trösten, die alle sehr religiös sind, indem sie auf Allahs Ratschluß verweisen: Das kommt von ihm und muß richtig sein, Allah möge dir geben, was dein ist. Gemeint ist damit, daß das Schicksal ohnehin für jeden Menschen vorherbestimmt ist. Ungerechtigkeiten auf der Erde werden im Paradies ausgeglichen, und das ist ein Trost für die vielen, denen das Leben überwiegend schwere Zeiten beschert, wie diesen Frauen.

Obwohl ich ihre Religion nicht teile, denke ich manchmal, daß es leichter ist, so zu leben. Für mich ist das aber nicht möglich. Ich muß aktiv leben, und mein Leben ist eine einzige Angstbewältigung, indem ich mich immer wieder bewußt meinen Ängsten ausliefere und sie überwinde. Dabei gibt es auch nur kleine Schritte, aber für mich sind sie im Rückblick meines Lebens sehr groß. Würde ich im Vertrauen auf eine höhere Macht aufhören, so zu sein, dann wäre das ein Rückschritt in meine ängstlichen und unselbständigen Lebensphasen.

Das alles kann ich Hafida nicht erklären, und auch Zalfa könnte es trotz ihrer Bildung nicht verstehen. Sie sollen es auch nicht, weil ich weiß, wie sehr sie die Religion als Trost brauchen, solange sich ihr Leben nicht ändert. Meine Schwestern, die mich gern haben, kennen mich nicht richtig. Ihr Leben besteht aus Gehorsam gegenüber der Religion, in der auch der Gehorsam gegenüber den Männern festgeschrieben ist. Solange sie nicht ihre eigenen Entscheidungen fällen dürfen und immer auf ihre Väter, Männer oder Brüder angewiesen sind, wird sich wenig ändern.

Zalfa ist ein gutes Beispiel für die Abhängigkeit, obwohl sie einen sehr fortschrittlichen Ehemann hat, der ihr sogar erlaubt zu arbeiten.

Bevor sie eingestellt werden konnte, mußte ihr Mann den Arbeitsvertrag für sie aushandeln und auch die Bewerbung bei der Behörde für sie erledigen. Zalfa selbst durfte nicht in Erscheinung treten. Wenn der Direktor des Bildungszentrums etwas zu ihr sagen will, dann klopft er an den Klassenraum und ruft. Sie verschleiert sich und mit ihr die Schülerinnen, dann öffnet sie die Tür ein wenig und spricht mit ihm.

Zalfas Mann hatte sie geheiratet, als sie vierzehn Jahre alt war, und sie gefördert und ermutigt, ihren Schulabschluß abzulegen. Die Familie stammt jedoch aus Taiz im Süden des Landes, wo die Sitten nicht so konservativ sind wie im Norden. Während der ersten Jahre ihrer Ehe bis zum Schulabschluß nahm Zalfa mit Erlaubnis ihres Mannes die Pille und bekam so viel später das erste Kind als ihre gleichaltrigen Freundinnen, die zur gleichen Zeit wie sie verheiratet wurden. Inzwischen ist sie 24, ihr Mann ist acht Jahre älter als sie, und das Paar hat drei Kinder. Während sie den Unterricht führt oder bei uns lernt, achtet ihr Mann auf die Kinder.

Das Büro der Regierungsverwaltung, in der er arbeitet, ist nur morgens besetzt. Die allgemeine tägliche Arbeitszeit beträgt etwa sechs Stunden. Muß Abdalla nachmittags fort, kümmert sich der sechsjährige Sohn um seine kleinen Schwestern. Abdalla hat Zalfa auf Reisen in das arabische Ausland mitgenommen, und stolz zeigt sie mir bei einem Besuch ein Fotoalbum. Eines hat sie für Männer und Kinderfotos, die auch Abdalla gern seinen Freunden zeigt, und eines, in dem nur Familienfotos von Frauen sind. Das Frauenalbum wird immer versteckt, damit es nicht in falsche Hände gelangt. Als sie mit Abdalla in Kairo war und auch in Nordafrika, trug sie nur ein Kopftuch und einen Regenmantel mit Jeans darunter, wie es heute auch schon einige Mädchen in Sanaa tun. Hier in Gadima und auch im übrigen Jemen verschleiert sie sich tiefschwarz wie die meisten Frauen.

Nach der Revolution wurde die Schleierpflicht von der Regierung zwar abgeschafft, trotzdem halten die Familien und auch die Frauen und Mädchen selbst daran fest. Für sie, die zu Unselbständigkeit erzogen wurden, ist es ein Schutz. Sie fühlen sich unter dem Schleier sicherer, wenn sie durch die Straßen gehen. Auch im Unterricht bemerke ich, wie sich Schülerinnen hinter ihren Mundschleier zurückziehen, weil sie sich unsicher fühlen oder schämen.

Zalfa ist durch ihre Bildung und Berufstätigkeit eine Ausnahme in Gadima, aber sie ist ja auch nicht von hier. Zwischen Zalfa und Hafida, die noch sehr traditionell lebt, bildet sich durch den Unterricht eine Freundschaft heraus, an der auch die junge Arua teilhat, die ebenfalls zu der Unterrichtsgruppe gehört. Diese drei kommen sogar noch in das Ausbildungszentrum, als die anderen Schülerinnen aus Angst vor den Männern, die sich zur gleichen Zeit auf dem Gelände des Zentrums aufhalten, aufgegeben haben. Aruas Mutter sagt einmal zu mir, die drei kämen nicht, um zu lernen, sondern weil sie mich gern hätten und wegen ihrer gemeinsamen Freundschaft.

Von Arua erfahre ich, daß sie mit ihren zwanzig Jahren schon geschieden ist. Sie wurde von ihrem Onkel nach Ibb verheiratet. Der Onkel ist für sie und ihre Mutter verantwortlich, seit der Vater vor vielen Jahren starb. Doch bald sind die beiden jüngeren Brüder alt genug und nehmen dem Onkel langsam die Verantwortung ab. Nie werden Arua und ihre Mutter für sich selbst verantwortlich sein, obwohl sie durch Heimarbeit im Schneidern einen Großteil ihres Lebensunterhalts selbst verdienen. Frauen haben keine Verfügungsgewalt über Geld, und Geschäfte mit Frauen sind nicht rechtsgültig.

Aruas Ehe scheiterte nach kurzer Zeit, und der Ehemann schickte sie zu ihrer Familie zurück. Sie weiß keinen Grund dafür oder mag ihn nicht erzählen. Diesmal sage ich tröstend, daß der Mann keinen Verstand hatte, und sie lächelt. Sie ist ein sehr schönes Mädchen, handarbeitet geschickt und ist sehr nett im Umgang mit anderen Menschen, aber vielleicht hat sich der Mann etwas anderes vorgestellt und war enttäuscht, als er den letzten Schleier in der Hochzeitsnacht hob. Davor haben die jungen Mädchen Angst, und sie machen häufig ihre Witze darüber, wie ein Bräutigam sich angewidert abwendet, nachdem er den Schleier abgehoben hat. Ob es bei Arua so war, erzählt sie nicht. Die Scheidung scheint ihr nicht soviel auszumachen, weil sie sich freut, wieder bei der Mutter zu sein. An die kurze Ehe selbst denkt sie nicht gern zurück. Irgendwann wird sie wieder verheiratet, diesmal zu einem niedrigeren Preis, weil sie schon einmal verheiratet war. Das senkt den Preis und zeichnet ihren Weg vor. Kein junger Mann wird sie mehr als erste Frau nehmen, und sie wird sich auf einen älteren Witwer oder den Status der Zweitfrau einstellen müssen.

Solange aber nur der eine Bruder verheiratet ist und seine vierzehnjährige Frau noch bei ihren Eltern lebt, muß Arua bei ihrer Mutter bleiben. Der Bruder leistet den Militärdienst ab, und während seiner Abwesenheit darf seine kindliche, junge Frau noch bei ihren Eltern wohnen. Er selbst mit seinen siebzehn Jahren ist auch noch nicht alt genug, um für die Frauen alleinverantwortlich zu sorgen. So sind alle froh, daß der Onkel sich weiterhin um sie kümmert. Er hat seit vielen Jahren den Vater ersetzt, der sein Bruder war. Die Frau seines Bruders hatte er geerbt, aber weder geheiratet noch sie zu einer weiteren Hilfskraft in seinem Haus gemacht. Er ermöglichte der Frau mit ihren drei kleinen Kindern einen eigenen Hausstand. Diese großzügige Haltung war eine Ausnahme von den allgemein üblichen Regeln. Er hätte die Frau auch als Vormund in seinem Hause leben lassen können, ohne ihr den Status einer Ehefrau zu geben, und sie damit auf eine niedrige Stellung innerhalb der Familie festgelegt. Aruas Mutter hat den Rest ihres Lebens bis heute allein gelebt und ihre Kinder aufgezogen. Die beiden Frauen scheinen mit ihrem zwar niedrigen Lebensstandard, aber mit der relativ großen Eigenständigkeit sehr zufrieden und glücklich zu leben.

Auch später, als wir den Unterricht in der Neustadt nicht mehr durchführen und das Zentrum nur noch für die männlichen Jugendlichen genutzt wird, besuche ich die Gruppe der Frauen oft.

Arua entzündet für mich die Wasserpfeife, weil sie weiß, daß ich das mag. Sie selbst raucht Zigaretten. Hafida teilt häufig ihr Qat mit mir, das sie in großzügigen Mengen von ihrem Schwiegervater bekommt. Darin ist sie bessergestellt als andere Frauen, die von ihren

Da der Islam das bildliche Darstellen verbietet, haben sich andere Künste,
wie z. B. Verzierungen und Ornamente an Häusern, herausgebildet.

Männern meist das aussortierte oder alte Qat erhalten, das die Männer nicht mögen. Wenn ich Arua mit ihrer Zigarette sehe, weiß ich,
daß auch die Tage der gemütlich gluckernden Wasserpfeifen mit ihren
herrlichen Verzierungen gezählt sind.

Der Frauenunterricht findet inzwischen nur noch in der Altstadt an
zwei verschiedenen Unterrichtsorten statt. Dafür sind die Schüler-
innenzahlen nach der schwierigen Anfangsphase aber extrem gestie-
gen. Es hat sich herumgesprochen, was sie bei mir lernen können, und
es gefällt.

Während die Neustadt ein schnell gewachsenes Neubaugebiet ohne
attraktives Aussehen ist, vermittelt die Altstadt den orientalischen
Zauber einer alten Kultur.

Viele meiner Schülerinnen leben in alten, prachtvollen Lehmhäusern, und ich nehme ihre Einladungen, sie dort zu besuchen, gern an.
Stolz führen sie mich durch ihr Haus, zeigen die Küche, die sich meist
im ersten Stockwerk befindet. Die Küchen sind alle mit einem «tannur» ausgerüstet, dadurch sehr verräuchert, schwarz und haben nur
sehr kleine Fenster. Ob es die Blicke fremder Männer vom Arbeits-

platz der Frauen abhalten soll oder ob die kleinen Fenster vor der Hitze schützen sollen, ich weiß es nicht. Die Arbeit der Frauen in der Dunkelheit der Küchen ist beschwerlich. In vielen Häusern steht zusätzlich ein Gasherd, auf dem die übrigen Speisen zubereitet werden.

Auf der Etage mit der Küche, die oft in einem Nebentrakt liegt, befinden sich auch die Räume, in denen sich die Frauen und Kinder aufhalten. Die besseren Mafraschen und das Zimmer des Hausherrn liegen weiter oben und sind oft zu erreichen, ohne daß ein Besucher durch den Frauenbereich geführt werden muß. Das ist wichtig, wenn einer der Männer des Hauses Gäste mitbringt oder große Feste stattfinden.

Die Mütter meiner Schülerinnen freuen sich, wenn ihre Tochter die Lehrerin mitbringt. Ich spreche mit ihnen über Säuglingsernährung oder andere Unterrichtsinhalte. Meist sind mehrere Frauen anwesend, und ich muß mein Wissen mit ihnen diskutieren. Das ist manchmal sehr schwer, vor allem wenn die älteren Frauen darauf beharren, wie es schon immer gemacht wurde. Diese Besuche sind mir genauso wichtig wie der Unterricht selbst, weil ich dabei die Frauen mit kleinen Kindern erreiche, während in die Schule meist unverheiratete Mädchen oder geschiedene Frauen kommen.

Die meistdiskutierten Fragen beziehen sich auf das Fetteinflößen bei Neugeborenen und auf die zunehmende Verwendung von Milchpulver. Meine Muttermilchkampagne ist jedoch nur ein Tropfen auf den heißen Stein angesichts der Läden, die voll mit Milchpulverprodukten für Kinderernährung stehen. Trotzdem ist es mir den Aufwand wert, wenn dadurch ein paar Kinder weniger sterben und ein Bewußtseinsprozeß langsam eingeleitet wird.

Die jemenitische Regierung ist sich des Milchpulverproblems bewußt und hat seit längerer Zeit die Werbung dafür im Fernsehen verboten. Doch die Produkte stehen in allen Läden, und die Leute verfügen über genügend Geld, sie sich leisten zu können. Durch den relativen individuellen Reichtum sind die Menschen anfällige Konsumenten für westliche Produkte geworden, mit denen ihre Märkte überschwemmt werden. So finde ich in den meisten alten Häusern, die sehr traditionell meist nur mit Matratzen und Teppichen eingerichtet sind, einen oder mehrere Fernseher. Auch der Videoboom hat vor diesen mittelalterlichen Lehmburgen nicht haltgemacht, in denen zur gleichen Zeit Kinder aufgrund von Fehlernährung sterben.

Je mehr im Bereich der Frauen- und Mädchenbildung geschieht, desto weniger Kinder müssen sterben, weil ihren Müttern die Bildung fehlt. Die Frauen werden mit Rückgang der Sterberate auch nicht mehr so viele Schwangerschaften ertragen müssen. In einigen Familien, deren Kinder alle überleben, ist dieser Trend heute schon abzusehen. So sind die Männer nach sieben Kindern meist bereit, mit der Frau zur Empfängnisverhütungsberatung in ein Krankenhaus oder Gesundheitszentrum zu gehen. Diese Kinderzahl ist zwar für westliche Verhältnisse immer noch hoch, stellt aber schon die Hälfte der sonst üblichen Kinderzahl dar. Einige junge Männer sind auch heute schon willens, ihre Frau Empfängnisverhütung betreiben zu lassen, damit die Abstände zwischen den einzelnen Schwangerschaften etwas größer werden oder die sehr jungen Ehefrauen noch etwas Zeit haben, bevor sie das erste Kind zur Welt bringen. Doch leider sind das noch die Ausnahmen, und mir begegnen viele tragische Familienschicksale in traditionellen Familien.

Meine Freundin Cheria

Meine Freundin Cheria wohnt in der Altstadt, mitten im alten Stadtteil der schön verzierten Lehmhochhäuser. Schon oft hat sie mich eingeladen, und nie hatte ich Zeit, sie zu besuchen, oder sie war nicht im Haus, weil sie irgendwo mit ihren Freundinnen für die Schulprüfungen lernte.

Seit sie mir zu Anfang die guten Ratschläge zur Frauenbildung gegeben hat, verfolgt sie meine Aktivitäten mit Interesse und taucht immer wieder in den Schulen auf, in denen ich unterrichte. Ihre ältere Schwester, die gerade ihr Wochenbett beendet hat, bekommt diesmal in ihrem Elternhaus eine große Feier, die ihre Schwestern und ihre Mutter für sie vorbereiten. Es gibt ein großes Mittagessen mit zwanzig weiblichen Gästen, zu dem ich eingeladen bin, und anschließend einen großen Frauennachmittag, zu dem mindestens 50 Frauen dazukommen.

Die ältere Schwester ist gemäß der Tradition wie eine Braut bemalt, weil sie heute nacht wieder mit ihrem Mann zusammentrifft, der sie während der 40 Tage nicht besuchen durfte. Intern hat sich dieser Brauch in einigen Familien bereits gelockert, besonders in den ersten Kleinfamilien, wo die Frau schon bald wieder in ihrem Haushalt arbeitet und keine anderen Frauen da sind, die sie verwöhnen. Bei meiner Nachbarin Amathalchalig hatte ich beobachtet, wie sie sich tagsüber während der 40 Tage von den Frauen besuchen ließ und wie eine Kranke auf ihrem Bett thronte, jedoch nach Einbruch der Dunkelheit und dem Abzug ihrer weiblichen Gäste gemütlich mit ihrem Mann und ihren Kindern zusammen saß. Auch vormittags sah ich sie im Haushalt arbeiten. Für die Frauen, die in Großfamilien leben, ist die Frist von 40 Tagen allerdings eine sehr zweckmäßige Einrichtung, die ihnen ermöglicht, sich nach der Geburt zu erholen, ohne von ihrem Mann oder der Arbeit angestrengt zu werden.

Das Festessen, das Cheria und ihre Mutter zusammen mit den kleinen Schwestern vorbereitet haben, ist üppig wie ein Hochzeitsessen und wird von den Besucherinnen mit viel Vergnügen und in lustiger Stimmung verspeist. Allerdings müssen die Frauen auf ihr Essen warten, bis die Männer verpflegt sind. Erst nachdem sich die Männer aus dem Haus zurückgezogen haben, zum Gebet in die Moschee gehen und sich anschließend in einem anderen Haus zum Qatkauen treffen, beginnt die Mahlzeit für die weiblichen Gäste.

In Cherias Familie ist es nicht so vornehm, daß sie einen Extratrakt für die Frauen haben. Die Frauen müssen sich verschleiern, wenn sie die Küche verlassen, in ein Zimmer huschen oder einem Mann begegnen. Die Familie ist nicht reich, und durch die vielen kleinen Geschwister, die noch im Haus herumlaufen, wirkt es immer etwas unaufgeräumt. Auch heute zum Fest darf man sich nicht so genau umsehen. Cheria sagt, daß sie die viele Arbeit einfach nicht schaffen, weil auch ihre Mutter nebenbei Kleider näht und so zum Lebensunterhalt beiträgt. Die große Schwester lebt mit ihrem Mann in der Nähe ihres Elternhauses und ist sehr froh darüber, so nahe bei ihrer Mutter zu sein. Auch sie nimmt häufiger einmal ihre Schmollfrist und verläßt ihren Mann für kurze Zeit. Ein Mädchen, das von ihren Eltern in einen anderen Ort verheiratet wird oder in einen anderen Stadtteil, wird von ihren Freundinnen bedauert, weil es ihr erschwert, ihre Eltern zu besuchen. Nach längerer Ehezeit flüchten sich die Frauen dann seltener unter die Flügel ihrer Mütter, weil sie sich im Haus des Ehemannes eingewöhnt haben und sich seiner Familie zugehörig fühlen. Dies ist besonders der Fall, wenn eine Frau bereits mehrere Kinder hat. Dann nimmt sie auch einen höheren Rang im Haus der Schwiegereltern ein, als ihn eine jung verheiratete Frau zuerkannt bekommt.

Cherias ältere Schwester ist besorgt und nimmt mich zur Seite, um mir ihr Baby zu zeigen. Es ist schwach und etwas lethargisch. Nach ein paar Fragen weiß ich, daß sie dem Baby Fett gegeben hat, obwohl sie es besser wissen müßte. Trotz langjähriger Kontakte, die diese Familie zu westlichen Medizinern eines Krankenhauses hat, verwendet die große Schwester Fett und bringt ihr Baby damit in Lebensgefahr. Ich soll noch erleben, wie sie ihr nächstes Baby zur Welt bringt und es ihr langsam stirbt, weil sie einfach nicht glauben kann, daß die alte Weisheit falsch ist. Dieses Baby hat noch einmal Glück und überlebt, aber sie muß ein schweres erstes Jahr mit ihm durchstehen, in dem es laufend krank ist. Ich bin immer sehr deprimiert, wenn ich sehe, wie lange es dauert, Traditionen zu verändern. Nach dem Essen gibt es eine lustige Frauenhafla (Fest), zu der viele Frauen erscheinen, die mit den Frauen des Hauses die überstandene Geburt feiern wollen.

Da Cherias Mutter eine eifrige Besucherin von Frauenhaflas ist, kommen viele weibliche Gäste. Einladungen sind nicht nötig, die Frauen benachrichtigen sich untereinander, und das Haus steht offen.

Die Mutter Cherias, Hassiba, die zweite Frau von Chalid al Sinan, ist sehr offen und lebenslustig. Die Ehe mit Chalid macht sie offensichtlich sehr zufrieden, und ihre gute Stimmung überträgt sich auf andere Frauen. Obwohl sie schon über 22 Jahre verheiratet sind, scheint Chalid sie noch immer sehr zu lieben. Sie sieht nicht mehr so schön aus wie in ihrer Jugend und hat nach den vielen Geburten auch einen dicken Bauch behalten, aber ihre Augen und ihr Mund strahlen eine innere Schönheit aus.

Als junger Mann von siebzehn Jahren wurde Chalid von seinen Eltern der Tradition entsprechend an seine gleichaltrige Cousine Miriam verheiratet, die heute mit 45 Jahren wie eine Greisin wirkt. Sein größter Wunsch war es, viele Kinder zu bekommen, und damit stellt er unter jemenitischen Männern keine Ausnahme dar. Miriam gebar ihm während ihrer ersten sieben Ehejahre vier Kinder. Er schätzt sie sehr, jedoch wünschte er sich eine Frau, die er mehr lieben konnte als die steife, verschlossene Miriam. Niemals hätte er Miriam deshalb geschieden, sie erfüllte ihre Pflichten als seine Ehefrau und war gut zu ihren Kindern, doch er hörte sich um, wer als Zweitfrau für ihn in Frage käme. Jemand erzählte ihm von Hassiba, die nach kurzer Ehe geschieden war, deren Sohn jedoch bei ihrem Mann bleiben mußte. Sie war fünf Jahre jünger als Chalid und hatte einen guten Ruf, obwohl sie aus einer Familie stammte, die sozial nicht so anerkannt war wie Chalids Familie. Die Hochzeitsgabe (Mahr), die er für sie entrichten mußte, war deshalb auch niedriger, und seine Familie ließ ihn gewähren, weil er mit der standesgemäßen Miriam bereits die Wünsche der Familie erfüllt hatte.

Miriam war mit der erneuten Ehe ihres Mannes zuerst gar nicht einverstanden, fügte sich aber später seinen Überredungskünsten aus Angst vor einer Scheidung oder weil sie ihn liebte. Als ich Chalid später liebevoll mit seiner Tochter Cheria diskutieren sehe, kann ich mir vorstellen, wie er früher Miriam umgestimmt hat.

Er baute ein neues Haus neben das alte Lehmhaus, in dem Miriam mit ihren Kindern wohnt. So konnten sich die Frauen, die sich lange Zeit nicht sehen mochten, aus dem Weg gehen. Jede hatte einen eigenen Freundeskreis, und nur sehr selten, zu größeren Familienfeiern, trafen sie zusammen. Über zehn Jahre gebaren die beiden Ehefrauen

Chalid Kinder, die sich vor den beiden Häusern auf der Straße mischen, zusammen spielen und sich wie normale Geschwister lieben. Oft sehe ich die vielen kleinen Kinder in Chalids Laden zwischen den Tüten mit Saatgut auf der Erde hocken, damit sie bei ihrem Vater sein können, der sie alle mit dem gleichen liebevollen Interesse behandelt und hart arbeiten muß, um alle satt machen und kleiden zu können. Aus den beiden Ehen sind drei geistig behinderte Kinder hervorgegangen. Allah habe es so gewollt, erklärt mir Cheria, die mich auf dem Frauenfest beiseite genommen hat und mir ihre Familiengeschichte erzählt. Von Miriam hat Chalid acht Kinder und von Hassiba neun, beiden Frauen sind einige Kinder gestorben.

Im Laufe der Jahre fühlte sich Chalid jedoch immer mehr zu der lebenslustigen Hassiba, Cherias Mutter, hingezogen. Miriam alterte früh. Vielleicht hat Chalids zunehmendes Desinteresse sie so sehr betrübt, daß sie als ungeliebte Erstfrau immer unattraktiver wurde und so im Streit um Chalids Gunst immer mehr verlor. Cheria spricht nicht darüber.

Heute besucht er Miriam nicht mehr. Ihre jüngste gemeinsame Tochter ist fünf Jahre alt. Chalid behandelt Miriam mit Achtung. Sie wohnt weiter in seinem Haus mit ihren Kindern, in das bald die erste Schwiegertochter einziehen wird. Er lebt jetzt ganz mit Hassiba zusammen, die nach der letzten schweren Geburt sterilisiert werden mußte. Manchmal scherzt er mit Cheria, wie ich bei späteren Besuchen selbst erlebe, daß er sie verheiraten will und selbst gleich noch einmal eine neue Frau heiratet. Cheria lacht darüber und zwinkert mir zu, weil sie weiß, daß er gar kein Geld hat.

Zu ihm sagt sie, dann würde ihre Mutter ihm den Hals durchschneiden. Die temperamentvolle Hassiba würde es sich nicht so einfach gefallen lassen, wenn er heute noch einmal heiratete. Chalid möchte jedoch Hassibas Zuneigung nicht verspielen.

Cheria ist das gebildetste Mitglied der ganzen Familie. Ihre Brüder und auch ihr Vater verfügen nur über geringe Grundschulbildung. Ihre Mutter kann gar nicht lesen und schreiben, was sie nicht daran hindert, eine Menge Geld mit gut geschneiderten Kleidern zu verdienen. Cheria hat diese Geschicklichkeit von ihrer Mutter gelernt.

Die ersten Grundschuljahre absolvierte sie gemeinsam mit ihren Brüdern in einer Jungenklasse, weil es damals noch gar keine Mädchenschule in Gadima gab. Sie gehörte zu der ersten Gruppe von Mädchen, die Lesen und Schreiben lernten.

Obwohl Hassiba aus einer sozial niedrigen Familie stammt, hat sie einen großen Freundeskreis in Gadima. Die Leute sagen, sie habe sich als anständige Frau bewährt.

Die Schwierigkeiten um Anerkennung wie ihre Mutter hat Cheria nicht, weil sie als Tochter Chalids seinen Status erhält, unabhängig von der Mutter. Nur bei den religiösen Adeligen, von denen es in Gadima noch sehr viele Familien gibt, spielt auch der Status der Frau eine große Rolle. Hassiba und Chalid nehmen Cherias Bildungswillen lange Zeit nicht ernst, lassen sie aber gewähren. Chalid ist sogar stolz auf seine Tochter, gibt das aber nur selten zu. Er zeigt es ihr durch sein wohlwollendes Verhalten. Sie ist ihren Eltern für die Großzügigkeit sehr dankbar und weiß zu schätzen, welchen Diskussionen sich ihre Eltern mit anderen Stadtbewohnern aussetzen, die von Mädchenbildung nichts halten. Sie versucht deshalb, sich besonders vorsichtig zu benehmen.

Nachdem Cheria die ersten drei Jahre in einer Jungenklasse lernte, entstand die erste Mädchenschule in Gadima, die sie bis zur 9. Klasse besuchte. Danach wurde es schwierig, weil es keine Sekundarschule für Mädchen gibt, nur für Jungen. Nach einigen Diskussionen entschieden die Eltern, daß es zu gewagt sei, sie dorthin zu schicken und als einziges Mädchen zwischen jugendliche Männer zu setzen. Was für sie als kleines Mädchen gerade noch akzeptierbar war, durften sie der Siebzehnjährigen nicht mehr erlauben.

So leistete sie zusammen mit drei Freundinnen die ersten zwei Jahre der Sekundarschule durch Eigenstudium und mit gelegentlichen Privatlehrern ab. Die Prüfungen durfte sie bei Lehrern in der Jungensekundarschule durchführen lassen. Deshalb findet man sie stets mit Büchern vor, obwohl sie nie weiß, ob sie das Richtige lernt und ob es ausreichen wird, um nach drei Jahren den Sekundarschulabschluß zu schaffen.

Hassiba nörgelt manchmal, daß ihre Tochter soviel mit Büchern zu tun hat und ihr sowenig Zeit bleibt, im Haushalt zu helfen. Das Haus könnte Hilfe gut gebrauchen, denn Hassiba hat sehr viel Arbeit.

Doch heute auf dem Frauenfest hilft Cheria und versorgt die Frauen mit Gewürztee und Schalenkaffee. Als die Frauen nach einem lustigen Nachmittag mit Tanz und Qat wieder nach Hause gehen, sieht es noch schlimmer aus. Da lohnt sich das Aufräumen richtig, lächelt Cheria verlegen.

Während die Frauen feiern, unterhalten wir uns lange in einem Nebenzimmer. Als unverheiratetes junges Mädchen darf sie noch nicht an dem Vierzig-Tage-Fest der Frauen teilnehmen. Aber sie säße auch nicht gern mit den älteren Frauen zusammen, erklärt sie mir.

Seit diesem Tag beginnt sich ein sehr freundschaftliches Verhältnis zwischen mir und Cheria herauszubilden, und ich besuche sie, sooft ich Zeit habe.

Manchmal ist auch Malika dabei, mit der Cheria viel Zeit verbringt, weil beide häufig zusammen lernen. Malika ist genauso alt wie Cheria, aber sie war schon kurz verheiratet. Im Alter von zwölf Jahren wurde sie einem reichen Gabili (Stammesangehöriger) aus einem Dorf in der Umgebung Gadimas zur Frau gegeben. Er war 24 Jahre alt und hatte schon eine Frau. Die Nachbarn von Malikas Familie hielten ihren Eltern vor, daß diese Heirat schandhaft wäre, weil Malika damals noch nicht geschlechtsreif war. Weil er ein schlechtes Gewissen hatte, ließ der Vater Malikas Mutter mit ihr in das Dorf gehen. Sie sollte den zu frühen Vollzug der Ehe verhindern. Doch das war kaum möglich, erzählt Malika, und so entschloß sich ihre Mutter, mit der Tochter nach Hause zurückzukehren.

Für Malika muß das Erlebnis traumatisch gewesen sein. Nichts kann ihr heute – nach fünf Jahren – mehr Angst einjagen, als der Gedanke, erneut verheiratet zu werden. Sie weiß, daß der Mann inzwischen noch drei verschiedene junge Mädchen geheiratet hat. Sie ist von ihm geschieden. Verächtlich meint sie, die Dorfgabilis wüßten nicht wohin mit ihrem Geld.

Wie Cheria so sieht auch sie ihre Zukunft in der Bildung. Mit zwei anderen Mädchen, die ich nicht so gut kenne, sind sie die einzigen der ganzen nördlichen Region, die bis jetzt soweit gekommen sind.

Ein Unterrichtsversuch in einem traditionellen Haus

In anderen Teilen des Jemen ist die Mädchenbildung schon erheblich weiter ausgebaut als im konservativen Gadima, wo ich noch die schwierigen Anfänge miterlebe.

Bevor wir uns auf die beiden Schulen in der Altstadt beschränken, unterrichten Pea und ich versuchsweise einen Kurs – drei Monate – in einem Privathaus. Damit überbrücken wir die Zeit, bis wir in dem Stadtteil Unterrichtsräume erhalten.

Die Arbeit in dem Privathaus macht besonderen Spaß, weil eine größere Gruppe sehr lernbegieriger Mädchen und Frauen zusammenkommt, denen der Schulbesuch nicht erlaubt wird. Sie stammen aus der großen Familie des Hauses oder sind Nachbarinnen. Da ihre Familien dem religiösen Adel angehören und sie aus dem Stamm des Propheten sind, wie sie mir stolz berichten, sind ihre Bewegungsfreiheit und ihr Verhalten noch weiter eingeschränkt.

Die Mädchen durften bis zur 6. Klasse die Schule besuchen und halten sich seit der Zeit nur zu Hause auf. Die älteren Frauen sind Analphabetinnen, weil es zu ihrer Zeit noch völlig undenkbar war, daß ein Mädchen etwas lernte. Wenn nachmittags die meisten Frauen aus Gadima mit ihren Thermoskannen zu den Treffpunkten huschen, dann sind die Frauen dieses Hauses meist daheim und warten auf Besucherinnen. Sie dürfen nur zu Festen einiger weniger ausgewählter Familien und sind kaum außer Haus.

Die Schülerinnen sind motiviert zu lernen, weil sie die Abwechslung, die der Unterricht ihrem eintönigen Leben bringt, sehr genießen. In ihrer dunklen traditionellen Küche hocke ich mit ihnen auf der Erde, erkläre Ernährungslehre und Gesundheitserziehung und zeige ihnen neue Rezepte. Dabei kann ich sofort sehen, wieviel sich von meinen Inhalten in ihrer Küche realisieren läßt. Diese Erfahrungen dienen meinem Unterricht in der Schule. Die Schülerinnen sind so eifrig, daß es jedes Mal eine Freude für mich ist, zu ihnen zu gehen. Sie warten auch die ganze Woche auf den einen Tag, an dem der Unterricht nachmittags stattfindet. Nachdem ich geendet habe, unterrichtet Pea sie in Textilarbeit und macht genauso positive Erfahrungen.

Die Schülerinnen sind sehr phantasievoll und berichten, wie sie Gelerntes abwandeln und in die Praxis umsetzen. Wenn ich diesen Lerneifer sehe, dann packt mich die Wut, daß es ihnen vorenthalten wird, weitere Bildung zu erlangen. Obwohl sie einer privilegierten Schicht angehören, ist ihr Leben im Vergleich zu den anderen Familien, die ich gut kenne, wesentlich eingeschränkter. Der soziale Stand wirkt sich für die Frauen zum Nachteil aus, während die Männer der Familie einflußreiche Positionen im traditionellen Gadima innehaben. So ist der Familienvorstand ein wichtiger religiöser Führer der Moschee, einige Söhne studieren oder sind in der öffentlichen Verwaltung beschäftigt.

Der Familienvorstand dieses Hauses ist der Bruder der meisten Schülerinnen. Außer seinen unverheirateten Schwestern unterstehen ihm noch seine Frau, seine Töchter und seine Mutter. Ebenso wie eine Schwägerin, die im Haus lebt und deren Mann in einer anderen Stadt seinen Militärdienst ableistet. Nur kleine Kinder sind männlich in diesem Haus, außer dem Hausherrn. Sie sind seine Söhne oder die Söhne des Bruders.

Er hat nur eine Frau geheiratet und mit seinen 45 Jahren relativ fortschrittliche Ansichten, die jedoch nicht weit über seinen traditionellen sozialen Stand hinausgehen dürfen, der auch ihm Grenzen setzt. So erzählt mir seine Frau, die ihn abgöttisch liebt, daß er nach sieben Kindern, die alle gesund aufgewachsen sind, zu ihr sagte, sie habe jetzt ihre Pflicht erfüllt und brauche keine weiteren Kinder zu gebären. Die Schwestern ergänzen, er liebe seine Frau immer noch sehr, weil er keine weitere dazu heiraten wolle. Sein Vater ist mit zwei Frauen verheiratet, die die Mütter der vielen Schwestern und Brüder sind. Seine jüngere Frau ist so alt wie seine älteste Tochter der ersten Ehe. Beide Ehefrauen sitzen oft zusammen und verstehen sich ganz gut. Die alte ist besonders eindrucksvoll, und sie strahlt immer noch jugendliches Feuer und eine rassige Schönheit aus. In ihrer Jugend muß sie besonders gut aussehend gewesen sein. Das Eindrucksvollste an ihr und an ihren Kindern sind schöne Augen, die fast alle von ihr geerbt haben. Auch der Familienvorstand, ihr Sohn, hat diese dunklen, großen Augen mit langen Wimpern, die ihnen einen seidenen, fast zärtlichen Ausdruck geben. Der Vater bewohnt mit der jüngeren Frau das Stammhaus der Familie in einiger Entfernung dieses Hauses, und die älteren Töchter, die noch nicht verheiratet sind, wurden auf beide Häuser aufgeteilt, damit jede der alten Frauen Hilfe hat.

Die Frau des Hausherrn ist inzwischen 28 Jahre und ihre älteste Tochter dreizehn Jahre alt. Das Mädchen muß sich schon seit drei Jahren verschleiern und hat gerade die 5. Klasse der Grundschule abgeschlossen. Ob sie noch nach der 6. Klasse zur Schule gehen darf, ist nicht entschieden. Ihre Tanten, die heute fünfzehn bis siebzehn Jahre alt sind, durften es nicht. Sie warten auf eine Verheiratung, die der Bruder bestimmt. Da es schwierig ist, Ehemänner der gleichen Schicht zu finden, sind die Mädchen schon fast etwas zu alt geworden für den ortsüblichen Durchschnitt des Heiratsalters.

Sowohl seine Frau wie auch seine Schwestern sprechen mit großer Liebe und Anhänglichkeit über den Hausherrn, dessen Entscheidungen sie immer vertrauen, weil er nur Gutes für sie will. Sie würden gar nicht auf die Idee kommen, selbst Entscheidungen treffen zu wollen oder gar seine Entschlüsse in Frage stellen. Sie fühlen sich zufrieden in ihrer Geborgenheit und fürchten sich vor einer Außenwelt, in der zu leben sie nicht gelernt haben.

Wie will ich ihr Leben kritisieren, mit welchem Recht sehe ich das Leben dieser Frauen als beschränkt an, wenn sie sich selbst so glücklich mit ihrem Schicksal fühlen? Mein Urteil ist durch mein Leben und durch die Werte meiner Kultur geprägt, doch die gelten hier nicht. Woher will ich auch wissen, ob meine Werte die richtigen sind? Manchmal bin ich ziemlich verwirrt, wenn ich von einem Besuch bei ihnen zurückkomme und mir darüber Gedanken mache.

Diese Familie schließt Pea und mich in ihr Herz. Wir können sie gar nicht oft genug besuchen, besonders als der Unterricht abgeschlossen ist und wir nur noch in den beiden Altstadtschulen arbeiten. Sie vermissen die Gespräche mit uns und befürchten, unsere Zuneigung zu verlieren, wenn sie die eine oder andere von uns einmal zwei Wochen nicht gesehen haben.

Immer wenn mir einsam zumute ist und mir menschliche Nähe fehlt, dann besuche ich eine der zahlreichen Familien, die ich inzwischen kenne und die mich gern haben. Ob es die Frauen der Neustadt sind, Cherias Familie oder Feisas Schwestern, überall strömt mir soviel Wärme und Herzlichkeit entgegen, wie ich es aus meiner Welt nicht kenne. Unter meinem Halbmond schlagen die Herzen kälter als unter dem Helal. Vielleicht führt das abgeschiedene Leben in der Unsichtbarkeit, das zu wenigen Ablenkungen Möglichkeit bietet, dazu, daß Gefühle intensiver sind.

Es sind fast immer die gleichen Frauen und Mädchen anwesend, wenn ich in diesem Haus meine Besuche mache. Nur selten sind einmal einige der jungen Mädchen außer Haus, weil der Bruder sie zu einem Familienfest in den Nachbarort gefahren hat oder sie zu zweit oder zu dritt eine Freundin besuchen. Allein dürfen sie das Haus nicht verlassen, das schickt sich nicht.

Meistens sitzen die übrigen Frauen und Mädchen dann bei leckerem «Gischr» (Schalenkaffee), von dem sie mir eine Tasse nach der anderen servieren, oder bei Gewürztee zusammen. Kaum eine der älteren Frauen kaut Qat. Sie mögen es nicht, erzählen sie mir. Einige handarbeiten, um sich die Langeweile zu vertreiben. Die ältere, unverheiratete Schwester ist Näherin geworden. Mit ihren 24 Jahren ist sie nicht mehr zu verheiraten, und sie will es auch nicht, betont sie immer wieder. Sie sei mit ihrer Nähmaschine verheiratet, von der würde sie nicht laufend schwanger und müde und könnte sogar Geld damit verdienen. In der Tat verdient sie ganz gut, und unter ihrer Maschine häufen sich kleine Geldbündel, die sie gar nicht zum Lebensunterhalt benötigt, weil die Großfamilie sie immer versorgt.

Sie wird aber von den anderen anerkannt und bewundert wegen ihrer Geschicklichkeit. Hin und wieder läßt sie sich etwas Schmuck von ihrem Bruder für das Geld kaufen. Manchmal verschenkt sie Schmuck an ihre Schwestern oder gibt ihrem Bruder das Geld, wenn es ihr zuviel wird. Eine Frau kann kein Geld verwalten, heißt es. Die Nähzutaten werden ihr von den Männern der Familie besorgt, weil ihr der Gang zum Suq strikt verboten ist, wie den meisten Frauen Gadimas.

Einige der einfacheren Frauen haben sich jedoch einen Trick ausgedacht, um dieses Verbot zu unterlaufen. Sie verkleiden sich in schmutzige schwarze Scharschaffs mit alten Plastiksandalen und täuschen so vor, eine der Landfrauen zu sein, die auf dem Suq ihr Gemüse verkaufen. Dabei dürfen sie dann nicht viel sprechen, damit niemand ihre Stimme oder Aussprache erkennt. Besondere Gefahr ist geboten, wenn eine andere Frau auftaucht; Frauen erkennen sich untereinander, auch wenn sie verschleiert sind. Bei diesen geheimen Suq-Gängen besorgen sie sich, was ihre Ehemänner nie mitbringen oder falsch einkaufen.

In dieser Familie ist dieser Trick zwar bekannt, aber keine der Frauen würde ihn nachahmen. «Wir sind ‹Beni Haschemi› (aus der Familie des Propheten) und müssen uns ganz besonders vorbildlich verhalten, damit wir in das Paradies kommen», erklären sie mit Stolz und Würde ihre eingeschränkte Welt.

Eine andere Cousine, die häufig anwesend ist, strickt auf einer langen Holzlatte, die ähnlich dem Prinzip einer Strickliesel funktioniert, Westen, die dann auf dem Suq von einigen Händlern in Kommission verkauft werden. Die Stricklatte ist ein traditionelles Gerät und wird in Gadima häufig verwendet, während Stricknadeln kaum bekannt sind. Die Cousine hat schon zwei Kinder und ist gerade wieder schwanger. Seit fünf Jahren ist sie verheiratet und eben über zwanzig Jahre alt. Sie spricht nicht viel und ist Analphabetin. Nicht einmal die Zahlen kennt sie. Auf meine Frage nach dem Preis einer Weste, zeigt sie mir mit den Händen, wieviel es kostet und wieviel Wolle sie benötigt. Die anderen loben sie wegen ihrer Geschicklichkeit, und schüchtern lächelt sie. Nachdem ich sie schon so oft gesehen habe, fehlt sie plötzlich in der Runde. Die anderen erzählen mir, daß sie bei ihrer Mutter ist, weil sie eine Fehlgeburt hatte. «Die Arme», erklären ihre Freundinnen, «sie hat es so schwer mit ihrem Mann. Der ist nicht gut zu ihr. Manchmal schlägt er sie sogar. Vielleicht geht sie nicht zu ihm zurück und bittet ihre Eltern, die Scheidung mit dem Mann auszuhandeln.»

Wenn die Frauen zusammensitzen, haben sie auch ihre Kinder dabei. Die etwas größeren spielen auf der Straße und kommen ab und zu herein, um sich trösten zu lassen, wenn sie Streit hatten oder hingefallen sind. Ich beobachte oft, daß ein Dreijähriges schlafend an die Mutter gekuschelt liegt und vom Lärm der Frauen nichts hört, das Baby von ihr gerade gestillt wird und dann noch die Fünfjährige «große» Schwester weinend hereinkommt und getröstet werden will. Alle fühlen sich verantwortlich, und eine der jungen Tanten nimmt sich des Kindes an und tröstet es. Wieviel Liebe haben diese Frauen zu vergeben?

Besonders die Mädchen werden von klein auf dazu erzogen, auf jüngere Kinder zu achten, dabei spielt der Verwandtschaftsgrad eine untergeordnete Rolle. Wenn ein Kind weint, kümmert sich jeder darum. Ist keine Frau in der Nähe und ein Kind weint auf der Straße, bemüht sich mit Sicherheit auch ein männlicher Vorbeigehender um das Kind. Die Kinder sind ein Teil der Gemeinschaft, und nur so ist es für die Frauen zu schaffen, so viele Kinder aufzuziehen.

Auch Mütter mit vielen Kindern können beruhigt zu ihren Frauennachmittagen gehen, weil sie sich in der Großfamilie die Kinderversorgung gegenseitig abnehmen. Außerdem werden die Kinder sehr früh selbständig und übernehmen gleich wieder Verantwortung für jüngere Geschwister. Als die Dreijährige aufwacht und die «große» Schwester getröstet ist, nimmt sie die Kleine auf den Arm und trägt sie hinaus. Die Mutter weiß, daß sie sich auf die «große» Schwester verlassen kann und die Kleine in guter Obhut ist.

Bei einem späteren Besuch nach ein paar Monaten treffe ich auch die stille junge Frau mit der Stricklatte wieder. Wie es ihr geht, möchte ich wissen, und ob sie von dem Mann geschieden sei?

Sie wurde ein paar Monate von ihrer Mutter gepflegt, dann kam der Ehemann, um sie wieder abzuholen. Sie wollte nicht mit ihm zurück, aber er versprach ihr, daß er jetzt besser zu ihr sein wolle. Ja, es sei etwas besser geworden, seufzt sie, und schließlich würde sie an ihren beiden Kindern hängen und deshalb weiter bei ihrem Mann leben.

Allah wird sie schützen und sein Auge auf ihr lassen, trösten die Frauen, und sie strickt ruhig weiter, ohne sich am Gespräch der Frauen und Mädchen zu beteiligen. Die Näherin holt tief Luft: sie sei froh, ihre Nähmaschine zu haben, und rattert weiter. Es gebe aber auch eine gute Nachricht, teilt mir die alte Erstfrau des Großvaters mit. Die vierzehnjährige junge Frau ihres siebzehnjährigen Enkels ist nach sechs Monaten Ehe schwanger und dabei, ihre Pflicht zu erfüllen. Sie wird jetzt noch mehr verwöhnt, wie ohnehin eine junge Braut in dem ersten Ehejahr noch nicht viel mitarbeiten muß und von allen Frauen der neuen Familie besonders nett behandelt wird, damit ihr das Eingewöhnen nicht so schwerfällt. Bis zur Geburt des ersten Kindes, meist nach einem Jahr, wird sie noch als Braut bezeichnet und ist besonders hübsch geschmückt und geschminkt. Sie ist «tragend», heißt es auf arabisch, und ich wünsche ihr, daß sie ihren neuen Zustand auch psychisch tragen kann.

Mein alltägliches Leben

Wenn ich von Frauennachmittagen oder aus der Schule nach Hause komme, wartet meine Freundin Feisa auf mich. Auch nach der Dunkelheit kann sie durch den Garten, der an meine Wohnung grenzt, ungesehen herüberhuschen und später zurückkehren, ohne daß der strenge Vater es merkt. Die Mutter weiß von Feisas Besuchen bei mir und unterstützt den Wunsch ihrer Tochter, bei mir ein wenig Englisch zu lernen. Ich gebe ihr Unterrichtsstunden als Dank für ihre Hilfen bei meinem Arabischstudium.

Sie hockt dann neben mir auf der Matratze, legt eine Hand auf meinen Arm, um die Wichtigkeit ihrer Nachrichten zu unterstreichen, und erzählt mir, was sie wieder in Erfahrung gebracht hat. Der Englischunterricht ist meistens zweitrangig für sie, und ich komme langsam zu der Überzeugung, daß sie den Unterricht nur als Vorwand nimmt, um auch abends noch zu Besuch kommen zu können und möglichst oft mit mir zu reden.

Heute hat sie auf einem Frauennachmittag von den beiden entlaufenen Schwestern gehört, deren Schicksal die Frauen ausgiebig diskutierten. Die beiden Mädchen aus einem der Nachbardörfer waren gegen ihren Willen verheiratet worden, und diese Geschichte berührt Feisa deshalb besonders. Die eine der Schwestern ist in die Umgebung des Dorfes geflohen, um sich vor der ungewünschten Ehe zu schützen. Den Mut, den das Mädchen aufbrachte, sich dagegen aufzulehnen, kann nur ermessen, wer die traditionelle Mädchenerziehung kennt. Das Mädchen wird, wie alle anderen, vorher nie weit aus ihrem Dorf herausgekommen sein und schon gar nicht allein und ohne ein Auto.

Ihre Angst vor der Ehe muß extrem groß gewesen sein, daß sie sich in ihren schwarzen Scharschaff wickelte und einfach davonlief in die noch bedrohlichere unbekannte Umwelt. Feisa schildert mir aufgeregt, was dem Mädchen alles passieren kann. Dabei übertreibt sie unwissentlich, weil sie die Angst weitergibt, die auch in ihr steckt und mit deren Hilfe die Frauen an die Häuser gefesselt werden. Männer könnten kommen und das geflohene Mädchen in die Berge schleppen, vergewaltigen oder als zusätzliche Arbeitskraft in einem schwer zugänglichen Bergdorf behalten.

Auch Pea und mir hat Feisa häufig angstvoll von längeren Spaziergängen auf dem Land abgeraten, weil dort die gefährlichen Gabilis (Stammesleute) mit ihren Waffen und Autos auf einzeln wandernde Frauen warten würden. Wir haben aber nur gute Erfahrungen mit der ausgesprochenen Gastfreundschaft der Landleute gemacht, wenn wir zu zweit oder zu dritt spazierengingen. Ganz allein hätte ich es allerdings auch nicht gewagt.

Das entlaufene Mädchen muß die gleichen Ängste wie Feisa gehabt haben und ist trotzdem entflohen. Sie war klug genug und hat bei einem Scheich der Umgebung Schutz gesucht, der jetzt ihre Sache gegenüber der Familie vertritt. Die Scheichs verkörpern immer noch die traditionelle Gerichtsbarkeit, neben den Gerichten der heutigen Regierung. Häufig wenden sich die Landleute zur Schlichtung eines Streits an ihren Scheich, dessen Ratschluß sie vertrauen und akzeptieren.

Die Schwester des geflohenen Mädchens, durch das Vorbild ermutigt, rannte ebenfalls davon, als ihr Mann aus Saudi-Arabien eintreffen sollte. Häufig verheiraten die Eltern ihre Söhne, wenn sie von ihren Arbeitsstellen am Golf oder in Saudi-Arabien zu Besuch im Heimatdorf sind. Danach kehrt der Bräutigam an die Arbeit zurück, und die Braut bleibt in der Obhut der Familie. Kommt er dann nach Jahren wieder, erwartet ihn seine Frau nicht ohne Angst, denn für sie ist er ein Fremder. Diese junge Frau schaffte es, sich bis Sanaa durchzuschlagen. Dazu muß sie den Bus oder ein Sammeltaxi benutzt und mehrmals Auskünfte und Erklärungen abgegeben haben, warum sie allein reist. Außer in Krankheitsfällen ist es völlig undenkbar, daß eine Frau ohne männlichen Begleiter reist. In Sanaa wurde die junge Frau aufgegriffen und erst einmal in das Gefängnis gesteckt. Dort kann die Familie sie abholen. Wenn sie Glück hat, dann wird sie für verrückt gehalten und geschieden. Wenn sie Pech hat, dann wird ihre Familie die Schande durch ihren Tod bereinigen.

Nach einiger Zeit kehrt das Mädchen, das der Scheich vertritt, zu ihren Eltern zurück. Der Scheich hat vorher ausgemacht, daß sie weder bestraft noch verheiratet wird. Laut Koran darf keine Frau gegen ihren Willen zu einer Ehe gezwungen werden. Nur hat nicht jedes junge Mädchen einen so einflußreichen Rechtsbeistand wie dieses. Keine Frau kann ihre Rechte selbst vertreten.

Wann mein Bruder zu Besuch komme, möchte Feisa wissen, und inzwischen weiß ich mit Sicherheit, was ich vorher befürchtet habe. Mein Freund in Afrika hat eine neue Freundin und wird nicht kommen. Feisa kann ich das nicht so erzählen und muß wieder einmal meine persönlichen Probleme mit mir selbst abmachen.

Auch von den Problemen des Zusammenwohnens mit den beiden männlichen Kollegen kann ich Feisa nicht erzählen, schließlich sind die beiden doch «wie» meine Brüder, denken alle. Pea hat ähnliche Schwierigkeiten mit den beiden Männern wie ich, und so entschließen wir uns auszuziehen. Mit viel Glück und durch den inzwischen erreichten Bekanntheitsgrad erhalten wir eine neue Wohnung in einem großen Haus, in dem außer unseren beiden Appartments noch eine Wohnung für eine neue deutsche Familie ist, die ein Jahr nach mir eintrifft. Dies Haus ist ein Glücksgriff, weil wir jetzt jeder genügend Platz haben und nicht mehr so eng zusammen wohnen müssen. Außerdem gibt es einen Garten und ein großes Flachdach, das von Mauern umgeben ist. Dort können wir uns auch leichter bekleidet bewegen. Früher mußten wir auch bei großer Hitze immer darauf achten, wer von den Nachbarn in unseren Hof sehen konnte, und uns entsprechend kleiden. In dem neuen Haus haben wir unsere Ruhe, weil es nach außen abweisend aussieht, wie viele jemenitische Häuser. Feisa kann mich jetzt leider auch nicht mehr so oft besuchen, und nach dem Umzug sehe ich sie seltener.

Es ist gut, daß das neue Haus den Besuch der vielen Jemenitinnen, die ich inzwischen kenne, etwas in Grenzen hält. Zuerst bedauere ich zwar, daß der Kontakt zu Feisa weniger wird, bald weiß ich aber den Vorteil zu schätzen, daß ich einen kleinen Teil meines Privatlebens zurückgewonnen habe. Meine Wohnung ist jetzt tabu, und ich muß mir keine Gedanken mehr machen, was ich herumliegen lassen kann, welche Fotos und Illustrierten ich verstecken muß, weil sie dem Standard der örtlichen Moral nicht entsprechen.

Die Kontakte zu meinen Freundinnen kann ich selbst bestimmen und sie besuchen, wenn mir danach ist. Möchte ich allein sein und mich unkontrolliert kleiden und verhalten, dann habe ich jetzt meine Wohnung.

Entspannung tritt ein, das erste schwere Jahr liegt hinter mir. Zum Sommer, nach fast eineinhalb Jahren, möchte ich das erste Mal wieder nach Hause fliegen. Allmählich wird mir bewußt, wie anders ich hier lebe, denn ich achte mehr darauf. Ich denke auch mehr nach als in der Anfangszeit, in der ich meine ganze Konzentration der Anpassung an das Leben in Gadima widmete. Jetzt habe ich das Vertrauen der Leute erlangt und bin von ihnen akzeptiert. Ich kann mir kleine Freiheiten herausnehmen, die mir zu Beginn den Kontakt mit den Menschen erschwert hätten. Jetzt wird alles, was von mir kommt, erst einmal positiv aufgenommen.

Pea hatte es in dieser Hinsicht etwas leichter, weil sie von mir eingeführt wurde und die Leute das Vertrauen, das sie in mich hatten, auf sie übertrugen. Allerdings bringt das für Pea ein anderes Problem mit sich; sie möchte ihre eigenständige Persönlichkeit beweisen und leidet darunter, daß sie immer mit mir zusammen gesehen wird. Es ist bestimmt nicht leicht, oft mit meinem Namen angesprochen zu werden. In den Augen der Frauen sind wir eine Familie, und das bedeutet, wir müssen immer eng zusammen sein. Taucht eine irgendwo auf, muß auch die andere dabeisein, oder es wird sofort nachgeforscht, wo sie ist. Unser westlicher Individualismus trifft hier auf Unverständnis.

Auf dem Weg zum Suq merke ich, wie viele Leute mich schon kennen. Dreimal pro Woche gehe ich zum Suq, um die Lebensmittel für meinen Unterricht einzukaufen. Es ist eine meiner Lieblingsbeschäftigungen, weil ich so gern das orientalische Treiben auf dem offenen Markt und entlang der kleinen Verkaufsbuden beobachte. Dabei verhalten sich die Männer äußerst höflich, und Berührungen sind die Ausnahme. Vielleicht erkennen sie an meiner Kleidung, daß ich in Gadima arbeite und keine Touristin bin. Manche Väter wissen, daß ihre Tochter bei mir lernt. Die Händler kennen mich, und wenn mir wirklich einmal jemand zu nahe rückt, dann weisen sie ihn energisch zurecht. «Hast du keinen Anstand, das ist doch die Lehrerin!» Manchmal höre ich sie tuscheln, und ich verstehe inzwischen, was sie sagen. «Wer ist die?» fragt einer, und gleich brüstet sich ein anderer, der es weiß: «Die ist eine Deutsche, die unterrichtet unsere Mädchen.» «Kann die Arabisch?» – «Ja! Die kann Arabisch.» Es ist beruhigend, alles zu verstehen. Ich kann mich noch gut an die ersten Tage erinnern, als ich immer Angst bekam, wenn ich spürte, daß sie über mich redeten und ich nicht wußte, worum es ging.

Jedes Mal begegne ich kleinen Mädchen, die noch auf den Suq dürfen, sich dafür aber extra verschleiern, damit sie nicht erkannt werden. Sie kaufen für ihr Mütter ein, wenn der Vater oder große Bruder keine Zeit hat oder das Falsche nach Hause gebracht hat.

Manchmal treffe ich auch verkleidete Frauen, die mir im Vorbeigehen einen Gruß zuflüstern und kichern. Die meisten Einkäufer sind aber Männer, die jeden Tag frisch für das Mittagessen einkaufen. Der jemenitische Speiseplan braucht frisches Gemüse und Salat und vor allem frisches Fleisch, das nach Vorschrift der Religion geschlachtet (geschächtet) und vom gleichen Tag sein muß. Auf dem Schlachtplatz des Suqs stehen Schlachttiere, meist Schafe und Ziegen, an den Pfahl gebunden, an dem ihr Vorgänger vor kurzem ausgeblutet wurde.

Es sieht brutal aus, wenn ein Lamm neben den Eingeweiden und dem Blut steht und verängstigt blökt. Vielleicht wird es heute noch geschlachtet, vielleicht wird es morgen erst gebraucht. Ich kann es nicht fertigbringen, von diesem Fleisch zu kaufen, und bin so inkonsequent, anonymes Gefrierfleisch vorzuziehen. Dabei sind die Schlachtmethoden bestimmt tierfreundlicher als in europäischen Schlachthäusern. Insgesamt schränke ich meinen Fleischkonsum sehr ein und ernähre mich von dem ausgezeichneten Vollkorngetreide, das hier angebaut wird, von einheimischem Gemüse, Salaten, Früchten, die es leider nicht immer gibt, und selbsthergestelltem Joghurt.

Den Gang über den Fleisch-Suq vermeide ich meistens und stelle mir vor, wieviel weniger Fleisch bei uns gegessen würde, wenn der westliche Verbraucher mit ansehen müßte, wie sein Mittagssteak aussah, bevor es geschlachtet wird. Es ist ein gutes Gefühl, den Ursprung seiner Nahrung kennenzulernen, was für mich als städtischem Supermarktkunden überhaupt nicht selbstverständlich war. Wenn ich hier nach einem Spaziergang durch die Hirsefelder eine Handvoll Hirsekolben von den Bauern geschenkt bekomme und für mein Brot mahle, dann schmeckt es mir besonders.

Die Leute vom Lande bringen ihre Produkte direkt zum Markt, und darum sieht man auch einige ihrer Frauen, die mitkommen. Die Landfrauen dürfen sich mehr außerhalb des Hauses bewegen als die Stadtfrauen Gadimas. Da sie in der Landwirtschaft mitarbeiten, besonders wenn die Söhne im Ausland Geld verdienen, ist das unumgänglich.

Hauptsächlich bieten die Frauen Gemüse und Salat an und rufen mir zu, was sie gerade frisch haben. Mit ihnen muß ich kaum handeln, weil sie mich kennen. Wenn ich einmal einen zu hohen Preis akzeptiert habe, werfen sie mir noch mehr «Bakschisch» (zusätzlich/umsonst) Gemüse in den Korb. Ich hocke mich zum Einkaufen vor die Frauen auf die Erde und rede ein paar freundliche Worte mit ihnen. Einige erkenne ich an der Stimme, denn sie sind alle tiefschwarz verschleiert. Nur ganz alte Großmütter zeigen manchmal ihre würdigen, runzeligen Gesichter.

Einige der Männer sind immer neugierig, bleiben stehen, um zu hören, was die westliche Frau auf arabisch sagt, wie sie handelt, oder suchen die Gelegenheit, höflich etwas mit mir reden zu können. Nie kann ich anonym sein, und alle meine Handlungen werden beobachtet, kommentiert und weitererzählt. Es ist nicht böse gemeint, ich stehe eben im öffentlichen Interesse, und meine Bühne ist das tägliche Leben außerhalb meiner Wohnung.

Die meisten Männer kenne ich nicht, aber sie wissen, wer ich bin, weil ihre Frau mich auf einem Frauennachmittag kennengelernt hat oder ihre Tochter in meinen Unterricht kommt oder ich ihre Schwester besucht habe. Deshalb behandeln sie mich mit Achtung. Da meine Schülerinnen freiwillig zum Unterricht kommen, reden sie entsprechend gut von mir zu Hause. Die kleinen Mädchen kommen angerannt, wenn sie mich auf dem Suq sehen, und strecken mir liebevoll ihre Hand zur Begrüßung hin. Manchmal erzählen sie mir auch im Unterricht am Nachmittag, daß sie schon wissen, was ich eingekauft habe, weil ihr Bruder mich auf dem Suq gesehen hat. Ich bin ein Thema für die häusliche Unterhaltung. Dies wohlmeinende Interesse, ihre Zuneigung und ihr nettes Verhalten mir gegenüber machen mich jedes Mal glücklich, wenn ich vom Suq nach Hause komme. Manchmal wünsche ich mir aber auch, nicht immer die Blicke aus allen Richtungen auf mich zu ziehen.

Auf dem Rückweg vom Suq kehre ich gern in einem der Häuser ein, um mich mit einer Freundin bei einem Kaffee kurz zu unterhalten, während sie gerade das Mittagessen vorbereitet. Diesmal besuche ich Cheria, die wieder einmal den hoffnungslosen Versuch unternimmt, Ordnung im Haus zu schaffen, während Hassiba kocht. Cheria ist froh über die kurze Unterbrechung und hat mir Wichtiges zu erzählen.

Sie plant, das letzte Jahr vor dem Sekundarschulabschluß in Sanaa auf eine richtige Mädchenschule zu gehen und dort bei Verwandten zu wohnen, weil sie weiß, daß ihr Selbststudium für die Abschlußprüfung nicht ausreichen wird. Noch hat sie nicht die Zustimmung von Hassiba und Chalid, doch sie hofft ganz fest darauf. Nur wer soll Hassiba dann im Haushalt helfen? Die zwölfjährige Schwester ist geistig behindert, und die anderen Schwestern sind noch ganz kleine Mädchen.

Auch bei Hassiba sitzt eine Nachbarin und trinkt ein Glas des mit

Kardamom und Ingwer gewürzten Schalenkaffees. Morgens besuchen sich die Frauen oft, um den neuesten Klatsch auszutauschen und sich zu informieren, wo der Nachmittag verbracht werden kann. Doch sie bleiben nur kurz, hocken in der Küche und haben ihre ältesten Kleider an, in denen sie die Hausarbeit machen. Ich kenne sie so und finde es immer wieder lustig, wenn sie nachmittags umgezogen, gewaschen, geschminkt und mit ihrem Hochzeitsschmuck behangen auf ihre Frauennachmittage gehen und sich dort in all ihrem Glanz präsentieren.

Als ich gehe, muß ich unbedingt vom guten Chubz (Brot) mitnehmen, das Hassiba gerade für das Mittagessen gemacht hat. Hassiba ist wie jede Frau stolz auf ihr Brot und küßt es wie ein Heiligtum, bevor sie es mir reicht. Mit Cheria verabrede ich mich, auf ein Fest anläßlich eines Kindergeburtstages zu gehen, zu dem die unverheirateten jungen Mädchen Gadimas kommen, die auf den Nachmittagen der verheirateten Frauen selten zu sehen sind. Es verspricht lustig zu werden, denn viele von den temperamentvollen Jugendlichen kenne ich aus meinem Unterricht.

Seit kurzem ist es in Mode gekommen, Geburtstage zu feiern, was eigentlich unüblich ist, da kaum jemand sein Geburtsdatum genau kennt. Bei den kleinen Kindern bis zum dritten oder fünften Geburtstag erinnern sich die Mütter meist noch ungefähr an den Tag, später nur noch an das Jahr. Viele vergessen auch das Jahr, sie haben Vergleichswerte. Jemand ist ungefähr so alt wie jemand anders, weil die Mütter zur gleichen Zeit ihre vierzig Tage hatten. Manche wissen noch, ob es vor oder nach dem Ramadan oder ob es zur Zeit des großen Id (Fest) gewesen ist.

Da die jungen Mädchen die Nachmittage der Frauen mit Qat und Wasserpfeife noch nicht mögen, nehmen sie Anlässe wie Hochzeiten oder Kindergeburtstage wahr, um richtige Partys für junge Mädchen zu veranstalten. Jung verheiratete Frauen gehen auch noch ganz gern zu den Festen ihrer noch unverheirateten Freundinnen. Erst später, wenn sie ein paar Kinder haben, fühlen sie sich wohler in den Kreisen der Frauen.

Ein Frauenfest mit Tanz

Nachmittags treffen wir uns, um zusammen zu dem Fest zu gehen, weil junge Mädchen nicht allein durch die Straßen laufen sollten. Unter den schwarzen Scharschaffs, die mich umgeben, sind Mädchen in schicken Kleidern versteckt, die Wolken gut duftenden Parfums hinter sich herziehen. Guter Duft ist wichtig in arabischen Ländern, und Gäste werden zusätzlich aus Höflichkeit einparfümiert. Das trifft auch für Männer zu. Im Koran ist einer der Scheidungsgründe, den ein Mann angeben kann, daß seine Frau nicht gut riecht. Wenn ich mit meinen schwarzverhüllten Freundinnen durch die Straßen gehe, dann bin ich trotz meiner dezenten Straßenkleidung ein auffällig bunter Punkt und dazu einen Kopf größer als die meisten von ihnen.

Anschließend jedoch, wenn wir die Häuser betreten haben und sie sich aus ihren schwarzen Sachen schälen, dann beginnt es zu glitzern, und ich wirke farblos.

Der Raum ist bereits überfüllt, als wir ankommen, aber in der Enge fühlen sich die Mädchen wohl. Die Stimmung ist lustig, und die jungen Mädchen und Frauen können es nicht abwarten, bis getanzt wird. Sie versuchen Huria (Freiheit) zu überreden, daß sie unbedingt für alle tanzen müsse. Sie läßt sich bitten und wartet, ob sie in Stimmung kommt. Vor allem muß die Musik stimmen. Die Mädchen probieren einige Kassetten aus, bevor Huria eine als gut akzeptiert.

Als sie sich schließlich erhebt und mit dem Tanz beginnt, freuen sich alle, weil sie wissen, wie gut Huria tanzen kann. Eine Tänzerin tanzt nicht zu ihrer eigenen Entfaltung, wie wir es von westlichen Diskotänzen kennen, sondern sie tanzt für ihre Zuschauerinnen. Touristen werden diese Frauentänze im Jemen nicht zu sehen bekommen, da es keine kommerziell tanzenden Frauen gibt, und ebenso dürfen die Männer bei den Folkloretänzen der Frauen nicht zuschauen.

Huria tanzt «rags arabi» oder «rags masri» – ägyptischen Tanz, wie der Bauchtanz hier heißt. Fast jede Frau und selbst schon die ganz kleinen Mädchen beherrschen die schwingenden, schüttelnden Hüftbewegungen mit einer Ästhetik und Anmut, die wir westlichen Frauen selbst durch viel Übung kaum erreichen können. Sie sind damit aufgewachsen und haben schon früh ihre Mütter beim Tanz beobachtet. Sie sind mit dem Rhythmus der Musik bereits vor ihrer Geburt vertraut gemacht worden. Schwangerschaft ist kein Hinderungsgrund für eine Frau, die tanzen möchte. Im Gegenteil, die sanften Bewegungen des Beckens sind eine gute Schwangerschaftsgymnastik.

Es gibt im Jemen verschiedene Tänze, deren Schrittfolgen die Frauen genau beherrschen. In Gadima ist oft ein typischer Dreiertanz zu sehen. Drei Frauen tanzen umeinander herum, wobei immer abwechselnd eine andere Tänzerin mit kleinen Schritten umrundet wird und sich jede zusätzlich um die eigene Achse dreht. Dabei tanzen sie mit flachen Fußsohlen, die bei den leicht stampfenden Bewegungen sich am Boden festzuhalten scheinen. Der Oberkörper bleibt starr, dafür werden die Hüften und mit den Händen der Rock geschwungen.

Für diesen Tanz wird die Gruppe meistens von den Anwesenden zusammengestellt: «Arua, Sabah, Safia, ihr tanzt so gut zusammen», heißt es dann, und wenn Arua lieber Qat kauen möchte, könnte doch Carima mittanzen. Es dauert immer eine ganze Weile, bis eine Gruppe zusammengestellt ist. Die Frauen tanzen nur, wenn ihr Publikum durch das lange Zögern so aufgeheizt ist, daß es schließlich mit ganzer Aufmerksamkeit der Darbietung folgt.

Der Tanz ist keine nebensächliche Unterhaltung, die einige vorführen, während andere sich unterhalten. Er ist für alle, und nur wenn sich alle konzentrieren, mitgehen durch Zusehen, Ausrufe und Klatschen, beginnen die Tänzerinnen. Manchmal brechen sie auch mitten in der Bewegung ab, und das Publikum weiß, daß es sich das selbst zuzuschreiben hat.

Huria bekommt die ganze Aufmerksamkeit ihrer Zuschauerinnen, und sie wird immer besser. Obwohl sie allein tanzt, steht sie in engem Kontakt mit den Mädchen, für die sie tanzt; Individualismus ist verpönt. Besonders auffällig ist es, wenn zwei oder drei Tänzerinnen zusammen agieren. Ihr Tanz gilt als besonders gut, wenn sie ihre Bewegungen spontan oder vorher abgesprochen koordinieren und miteinander eine Einheit bilden. Nie sind es mehr als zwei oder drei, die zusammen eine Vorführung geben; große Gruppen, in denen die einzelne nicht mehr auffällt, gibt es nicht. Diese Regeln werden auch eingehalten, wenn nach westlicher Diskomusik getanzt wird, die unter den jungen Mädchen immer beliebter wird.

Während Huria durch die Stimmung im Publikum so richtig in

Fahrt kommt, scheint ihr frustrierendes Leben von ihr abzufallen. Sie ist erst 21 Jahre, hat drei Kinder und ist geschieden. Von ihren Kindern hat sie nur das kleinste bei sich, die anderen beiden sind beim Vater der Kinder. Das dritte war in der Trennungsphase entstanden, erzählte sie mir einmal. Sie sei schon eine ganze Weile nicht mehr bei ihrem Mann gewesen und hatte bei einem seiner Besuche, bei denen er sie jedes Mal zurückholen wollte, nachgegeben. Dabei sei es passiert. Er hätte sich aber nicht gebessert und sie immer eingesperrt. Schließlich sei sie hochschwanger zu ihren Eltern geflüchtet, wo sie noch heute lebt.

Inzwischen ist ihr Baby zwei Jahre alt, und es geht das Gerücht, daß Huria einen Freund hatte. Der verlor jedoch bald das Interesse an ihr, weil er noch jung und bislang nicht verheiratet war. Er möchte eine Jungfrau heiraten. Die Affäre der beiden hätte für Huria gefährlich werden können, wenn jemand sie erwischt hätte. Die moralischen Sitten in Gadima sind sehr streng. Je höher der soziale Rang, desto schlimmer die Entehrung, die eine Frau dem Ruf ihrer Familie zufügen kann, und desto härter die Strafe.

Leider sind die Barrieren der sozialen Stellung auch beim Tanzen zu merken. Frauen aus höhergestellten Familien tanzen normalerweise nicht auf großen Frauenfesten. Sie tanzen als junge Mädchen mit ihren engen Freundinnen zu Hause und später nur noch selten im kleinen Kreis. Den Tänzerinnen wird Bewunderung und Anerkennung entgegengebracht, aber auch abwertende Einschätzungen werden geäußert. Der Tanz ist zu erotisch, um nicht Empfindungen der Doppelmoral auszulösen, von der das Leben hier geprägt ist.

Als Lehrerin unterliege ich auch der Doppelmoral. Die Frauen sehen mir an, daß ich gern mit ihnen tanzen würde, und fordern mich immer wieder auf. Einige gute jemenitische Freundinnen haben mich jedoch davor gewarnt, weil das viel Klatsch auslösen würde und mir Ärger mit der Schulbehörde bringen könnte. Eine syrische Lehrerin hatte einmal solche Probleme, weil sie mit den Frauen getanzt hatte.

Ihre Tänze sind die einzige Form von Gymnastik und Sport, die die Frauen und Mädchen ausüben können, und deshalb sind sie auch für ihr körperliches Wohlbefinden sehr wichtig. Das ist genauso sinnvoll wie das psychische Wohlbefinden, das sie daraus ziehen können, wie beispielsweise Huria es jetzt tut. Inzwischen hat sie den ersten Tanz beendet, und ihr Publikum fordert begeistert eine Zugabe von ihr. Noch einmal wählt sie konzentriert Musik aus, damit der Tanz genauso gut wirkt wie der erste. Sie trägt – wie viele der Mädchen – ein goldbrokatenes, langes Festkleid, viel Goldschmuck und ist stark geschminkt. Zum Tanzen hat sie ihren Gesichtsschleier fest um die Hüften gebunden und den Rock darüber hochgezogen, damit der Eindruck verbreiteter Hüften entsteht. Wie die meisten jungen Frauen ist Huria sehr schlank. Während sie die Zugabe darbietet, treiben die Ausrufe der Frauen sie zu immer neuen Varianten an. Wenn sie ihren Oberkörper in der klassischen Haltung nach hinten biegt und sich dabei schüttelt, dann klirrt leise ihr Goldschmuck. Besonders gut beherrscht sie es, ihre Hüften, die sie leicht zu einer Seite vorzieht, zu schütteln. Während des ganzen Tanzes überzieht ein Lächeln ihr Gesicht, das zum Tanz gehört und hinter dem sich ihre Gedanken verbergen. Als sie schließlich unter lautem Beifall zwischen den Frauen niedersinkt und sich unscheinbar in die Ecke hockt, wirkt sie sehr entspannt.

Einige der jüngeren Mädchen sind durch Huria in Tanzstimmung gekommen und lassen sich nicht lange bitten, einen anderen traditionellen Tanz vorzuführen, den sie unter Freundinnen eingeübt hatten. Mit gleichen Bewegungen tanzen sie nebeneinander her und reichen sich eine Hand, oder sie bewegen sich durch die Länge des Raumes aufeinander zu. Die Schritte sind meist sehr klein; viel Platz gibt es auf den dichtgefüllten Parties nie. Die Besucherinnen sitzen dicht gedrängt nebeneinander entlang der Lehmwände auf dem Fußboden. Die kleinen Mädchen bilden eine zweite Reihe vor ihren großen Schwestern oder Müttern. Außerdem müssen vor dem Tanz Wasserpfeifen, Teegläser und Qatbündel beiseite geräumt werden, um Platz zu schaffen. Manchmal stehen ganz kleine Jungen in der Tür und beobachten die Tänze. Diesen Eindruck müssen sie sich für den Rest ihres Lebens merken. Nachdem sie größer geworden sind, dürfen sie die Frauen nicht mehr beobachten.

Die jemenitischen Tänze sind keine direkten Bauchtänze. Sie weisen Ähnlichkeiten in der Körperhaltung, dem Rhythmus oder in den Hüftbewegungen auf. Sie sind jedoch viel feiner und hintergründiger in ihrer Ausstrahlung; der Bauchtanz wirkt im Vergleich zu ihnen manchmal fast plump erotisch. Keine Hafla (Fest) mit Tanz vergeht, ohne daß auch zwei Mädchen nach westlicher Diskomusik tanzen. Dabei führen sie einen einstudierten Tanz vor, wie sie ihn im Fernsehen oder auf Videofilmen gesehen haben. Die Diskobewegungen sind genau aufeinander abgestimmt. Trotzdem wirkt diese Darbietung deplaciert und künstlich in ihrer Umgebung.

Ganz zum Schluß des Festes muß Nadjela noch einen Saudi-Tanz zeigen. Sie ist in einer Stadt kurz hinter der jemenitischen Grenze in Saudi-Arabien aufgewachsen. Doch sie ist ein Kind jemenitischer Eltern und wurde nach Gadima an entfernte Verwandte verheiratet. Nadjela stemmt bei diesem Tanz ihre Hände in die Hüften, beschreibt kreisende Bewegungen mit ihren Schultern, die sich dann auf den ganzen Oberkörper ausdehnen und schließlich ihren Kopf herumkreisen lassen. Vorher hat sie ihr langes Haar geöffnet, das durch den Tanz ausgebreitet durch die Luft geschleudert wird. Tänze mit wallendem Haar sind außer in Saudi-Arabien noch am Golf zu finden, wie das jemenitische Fernsehen manchmal zeigt.

Nach dieser Darbietung ist Maghreb (Sonnenuntergang), und alle verhüllen ihre glitzernden, bunten Kleider und geschminkten Gesichter mit schwarzen Tüchern und Röcken. Es war ein schönes Fest, sagen sie, es wurde sogar getanzt.

Warten auf die Freiheit

Abends bin ich wieder allein zu Hause, und noch etwas aufgeputscht von dem Fest gehe ich durch meine Wohnung. Es ist erst halb sieben, aber schon dunkel. Die Abende beginnen hier früh, und zwischen Winter und Sommer liegt nur eine halbe Stunde, in der es länger hell ist. Nach Einbruch der Dunkelheit bin ich ziemlich an das Haus gebunden, und diese Abende sind sehr lang. Selbst wenn ich mit anderen Westlern irgendwohin gehen wollte, gäbe es außer einem ungemütlichen Restaurant nichts.

Zunehmend empfinde ich es auch als Belastung, ohne einen Freund leben zu müssen, und Zärtlichkeit fehlt mir sehr. Manchmal verursacht mir einer dieser stolzen, großen Jemeniten des Nordens Herzklopfen, wenn ich ihnen auf der Straße begegne. Sie stammen von Beduinen ab und sind nur in den abgelegenen Gebieten ansässig. Zum Suq-Tag kommen sie in die Stadt.

Sie sehen aus wie Piraten aus einem Abenteuerfilm. Ein buntes Palästinensertuch haben sie lässig um den Kopf geschlagen, jeder hat dabei seine individuelle Note. Sie tragen lange Kleider oder Röcke, die in der Taille durch einen gestickten, breiten Gürtel gehalten werden. Er dient vor dem Bauch als Halterung für die «Djambia», den berühmten Krummdolch. Jeder Mann im Jemen hat seine «Djambia», die ihm zum Zeichen der Manneswürde verliehen wird. Die meisten sind noch traditionell gekleidet. Jeans sieht man nur in der Hauptstadt oder bei einigen Jugendlichen.

In Gadima gehört zur Kleidung noch eine Kalaschnikow oder ein ähnliches Gewehr, das jeder Mann mit sich herumträgt. Gewehre sind auch Unabhängigkeitssymbole der Stammesleute gegenüber der Regierung. In der Hauptstadt Sanaa ist es verboten, offen Gewehre zu tragen. Dort schmückt die Männer nur der Dolch. Faszinierend sehen sie aus. Wollte jemand einen Film über das Alte Testament drehen – schießt es mir durch den Kopf –, dann könnte er die Schauspieler von der Straße weg engagieren und brauchte für Kostüme nicht zu sorgen. In dem Aussehen dieser Männer zeigt sich ein Stück noch erhaltener arabischer Kultur, wenn auch der Alltag mir diese schon so vertraut

Ebenso wie die Frauen treffen sich auch die Männer zum gemütlichen Nachmittag bei Qat und Wasserpfeife.

gemacht hat, daß ich sie selbst manchmal als so selbstverständlich wie meine eigene empfinde.

Trotz ihrer Aufmerksamkeit gegenüber westlichen Frauen, die ständig gegenwärtig ist und der man sich nur schwer entziehen kann, möchte ich keinen von ihnen heiraten. Einen Freund zu haben wäre nicht möglich. Eine Kollegin von mir, die das kurze Zeit versuchte, wurde von der Dorfgemeinschaft vor die Wahl gestellt, zu heiraten oder das Land zu verlassen. Keine dieser beiden Alternativen würde mir passen, und ihre Ehe hielt auch nicht sehr lange.

Genau wie es uns schwerfällt, unsere Erziehung abzustreifen, ist es auch jemenitischen Männern nicht möglich, ihre tiefverwurzelte Einstellung und Erwartung gegenüber Frauen in einer Ehe mit einer westlichen Frau zu verändern. Das Leben der jemenitischen Frauen kenne ich jedoch so genau und leide so häufig mit den erzählenden Freundinnen mit, daß ich niemals auf die Idee käme, selbst eine solche Ehe anzustreben.

In Diskussionen mit den Frauen oder auch mit Männern versuche ich, meinen Standpunkt von den Problemen einer Mischehe zu vertreten. Ich treffe dabei auf wenig Verständnis, weil sie fest davon über-

Gern präsentieren die nordjemenitischen Stammeskrieger ihre Kalaschnikow, Zierde und Stolz eines jeden Mannes in der Nordregion.

Ein Djambiahersteller bei der Arbeit.

zeugt sind, daß sich eine Frau – ist sie erst einmal verheiratet – schon anpaßt, und deshalb kann es in ihren Augen auch keine unlösbaren Probleme geben. Hinzu käme, daß ich für eine Ehe Muslima werden müßte und damit alle Bestimmungen des Korans einzuhalten verpflichtet wäre. Der Koran regelt jedoch die Beziehungen zwischen Männern und Frauen in einer Weise, mit der ich mich nicht anfreunden könnte:

«Die Männer stehen über den Frauen, weil Gott sie (von Natur aus vor diesen) ausgezeichnet hat und wegen der Ausgaben, die sie von ihrem Vermögen (als Morgengabe für die Frauen) gemacht haben ...

Und wenn ihr fürchtet, daß (irgendwelche) Frauen sich auflehnen, dann vermahnt sie, meidet sie im Ehebett und schlagt sie.» (Sure 4, 34 Übersetzung nach Rudi Paret: Der Koran)

Die Diskussionen über das Thema meiner Verheiratung kommen immer wieder auf, und ich behandele sie schließlich von der lustigen Seite und erkläre ihnen, wie arm der Mann dran wäre, der mit einer Frau wie mir verheiratet wäre. Denn ich ginge überall hin, verschleierte mich nicht, spräche, mit wem ich Lust hätte – auch mit fremden Männern –, würde erwarten, daß er im Haushalt hilft, und überhaupt nicht gehorchen. Das ist so unmöglich, daß sie sogar darüber lachen. Mein Leben verbringe ich also allein und warte auf die Freiheit im Urlaub und nach meiner Zeit im Jemen.

Der nächste Tag nach dem Fest ist ein Freitag, der arabische Sonntag. Der Muezzin, der ohnehin fünfmal am Tag über Lautsprecher zum Gebet ruft, hält heute lange Reden. Dabei steht er im Wettstreit mit seinen Kollegen. In der Innenstadt von Gadima gibt es etwa zehn Moscheen von unterschiedlicher Größe. Zur Einstimmung werden die Gläubigen jedesmal melodisch aufgefordert zu bezeugen, daß es keinen Gott außer Allah gibt und Mohammed sein Prophet ist (La illaha illa allah wa mohammad al rasul allah).

Dann rezitiert der Muezzin Koranverse, was an dem melodischen Singsang zu erkennen ist, in dem der Koran gelesen werden muß. Anschließend spricht er über aktuelle Anlässe, was sich sehr demagogisch anhört.

Jedesmal versuche ich ein paar Brocken zu verstehen. Vielleicht schimpft er über Frauenbildung und über ausländische Frauen, die Musliminnen unterrichten. Meine Befürchtungen sind jedoch unbegründet. Würde er je etwas über uns sagen, dann wäre es das erste, was mir meine Freundinnen erzählen würden. Als im Fernsehen einmal über unser Ausbildungszentrum gesprochen wurde, kam sofort Feisa herübergerannt, um es mir mitzuteilen.

Feisas Schwester Amathalchalig hat gerade eine Tochter geboren, und ich besuche sie während ihrer 40 Tage. Vor der Geburt kam sie oft zu mir, um mir ihre zahlreichen kleinen Beschwerden zu klagen und um von mir getröstet zu werden. Ich hatte manchmal den Eindruck, sie holte sich von mir die Aufmerksamkeit, die sie von ihrem Ehemann nicht bekam. Weil sie mich vor der Geburt so oft gesehen hatte und dann ein hübsches kleines Mädchen zur Welt brachte, hatte Feisa eine alte Redeweise parat. Es wäre eine jemenitische Weisheit, erklärt sie, daß eine Schwangere, die häufig eine schöne Freundin – der sie von ganzem Herzen zugetan wäre – sehen würde, auch ein sehr schönes Kind bekäme.

Wenn Feisa – meist sehr theatralisch – ihre Geschichten und Weisheiten erklärt, dann sitzt Carima still dabei und fällt kaum auf. Wie es mit den Hochzeitsplänen für Carima steht, möchte ich wissen, und die Mädchen vermuten, daß der Vater Carima nach dem Sommer verheiraten wird.

Bei Amathalchaligs Frauennachmittagen zum Wochenbett muß ich wieder alle stereotypen Fragen beantworten und erfahre viele Geschichten. Oft unterhalten sich die Frauen darüber, wie es anderen Wöchnerinnen ergangen ist. Gerade sei eine junge Frau nach der Geburt des sechsten Kindes gestorben. Keiner weiß warum. Die Geburt sei gut verlaufen, aber dann habe sie plötzlich Fieber bekommen und starb, bevor ihre Familie sich entschied, sie in das Krankenhaus zu bringen. Es gilt als unanständig, wenn eine Wöchnerin das Haus verläßt, weil sie während der 40 Tage als unrein gilt. Bei einer anderen gab es Probleme mit der Nachgeburt, und alle danken Allah, daß es Amathalchalig so gut geht und das Baby gesund ist.

Die Wöchnerin trinkt Kaffee aus aufgekochten Datteln mit etwas Kaffeeschalen darin. Das soll sie stärken. Auf diesen Frauennachmittagen wird auch oft über Empfängnisverhütung gesprochen. In einer vertraulichen Unterhaltung hatte ich Amathalchalig einmal erzählt, was nun zu ihrem Lieblingsthema wurde: «Diese Westler, die kennen einen ganz gerissenen Trick, die wissen, an welchen Tagen eine Frau schwanger werden kann. Das geht gar nicht jedesmal, sondern nur an sehr wenigen Tagen im Monat. Allerdings darf ein Paar dann auch nicht zusammenliegen. Na ja, das mag euren westlichen Männern klarzumachen sein, unsere Männer fordern ihr Recht und warten nicht. Schlimm genug, daß sie jeden Monat während der Periode warten müssen und in den 40 Tagen nach der Geburt. Es gibt Männer, die allein deshalb mehrere Frauen heiraten.»

Einige der Frauen glauben nicht, daß es eine Rechenmethode gibt. Doch die alten Frauen wissen es. Eine Woche nach der Periode sei die beste Zeit, um schwanger zu werden. Amathalchalig möchte gern diese Methode lernen. Doch ich zweifle, ob sie es begreift. Ich sage ihr, daß es einfacher ist, wenn sie die Pille nimmt. Sie kann kaum lesen und schreiben und rechnen noch viel weniger. Wenn sie schon die Pille häufiger vergißt, dann kann ich ihr das Ausrechnen nicht empfehlen.

Am nächsten Morgen erzählt sie ihren Schwestern davon. Diese geben mir recht. «Amathalchalig ist doch eine Kuh», meint Feisa. Sie hat keine Schulbildung wie Feisa und die anderen Schwestern und wird deshalb manchmal etwas arrogant behandelt. Allerdings ist «Kuh» nicht ein so schlimmes Schimpfwort, wie es klingt. Auch die Frauen selbst bezeichnen sich manchmal so. Besonders oft höre ich es auf Spaziergängen von Landfrauen, wenn ich sie nach dem Alter frage. Danach lachen sie, weil sie doch nur eine «Kuh» sind. Keiner schreibt ihr Alter auf, sie gehen nicht zur Schule und sind nur zum Arbeiten, Kindermachen und Gebären da. Es trifft mich immer wieder, wenn sie mir mit strahlenden, kindlich gebliebenen Augen entgegnen, sie seien doch nur eine «Kuh». Ungläubig sehen sie mich an, weil ich das nicht hören mag. Sie seien genauso ein Mensch wie die Männer, noch viel wichtiger, weil sie die Kinder gebären, die das Leben erhalten, argumentiere ich hilflos. Ihre Einschätzung entspricht aber mehr den Tatsachen und der Art, wie manche Männer ihre Frauen sehen. Einige würden ihre Kuh eher zum Tierarzt bringen als die Frau in ein Krankenhaus.

Meine Besuche bei den Freundinnen häufen sich wegen meiner bevorstehenden Abreise. Dabei verteile ich auch die letzten Zeugnisse, weil die erst nach Unterrichtsschluß von der Behörde ausgestellt wurden und ich sie gern vor den Ferien übergeben möchte. Die Zahl meiner Schülerinnen hat sich inzwischen sehr gesteigert, und ich kann beruhigt fahren. Der nächste Kurs nach den Ferien wird wieder gefüllt sein mit neuen Schülerinnen, der Unterricht hat sich herumgesprochen. Meine Freundinnen sind ganz traurig, weil ich abreise.

Immer wieder höre ich, daß ich auch ganz bestimmt wiederkommen muß. Einige frage ich, ob ich ihnen etwas mitbringen soll, wenn ich aus Almania zurückkomme. Feisa und ihre Schwestern haben bereits eine lange Wunschliste parat. Langsam bekommt unsere Freundschaft einen anderen Charakter. Ich merke immer mehr, wie sie mich benutzen, um etwas zu erhalten oder um sich mit mir vor anderen wichtig zu machen. Noch kann ich es nicht glauben, daß meine älteste Freundin Feisa gar keine Freundin ist, aber nach meiner Rückkehr wird es immer offensichtlicher. Anders ist es bei Cheria und ihrer Mutter, die keine Wünsche haben, außer daß ich wiederkomme.

Vor meiner Abreise fotografiere ich einige Mädchen, die mich darum gebeten haben, die Bilder in meinem Land zu entwickeln, damit sie kein jemenitischer Mann zu sehen bekommt. Sie wünschen sich hübsche Abzüge, die sie dann unter ihrer Matratze verstecken, damit sie nicht in falsche Hände gelangen. Ihr Vertrauen in mich ist groß, und ich behandle ihre Fotos so privat, wie sie es möchten.

Bei meinem Abschiedsbesuch in Cherias Familie sehe ich, wie ihre Mutter Hassiba die langen Nächte des Ramadan verbringt. Sie hat die große Mafrasch ausgeräumt und als Nähzimmer hergerichtet. Dabei sitzen oft Besucherinnen und Kundinnen um sie herum. Die Frauen bringen ihr den Stoff ballenweise, den sie zu festlichen Kleidern für die Hochzeiten verarbeitet, die dem Ramadan folgen. Die Stoffe wurden vom Bräutigam gekauft, und Hassiba näht nun Kleider nach den Maßen der jungen Braut. Diese Methode hat sich bewährt, da die jungen Männer sonst falsche Größen für ihre Bräute kaufen. Sie haben sie doch noch nie vorher gesehen.

Als ich da bin, wird gerade ein großes Bündel mit zwanzig verschiedenen Stoffen für ebenso viele Kleider gebracht, die die Braut dann während der nächsten Jahre aufträgt. Wird sie dicker oder während der Schwangerschaft bleiben einfach die langen Reißverschlüsse auf dem Rücken offen. Auf der Straße wird alles durch die schwarzen Überkleider verhüllt.

Die Besucherinnen Hassibas befühlen fachkundig die Stoffe und schätzen Preise. Obwohl sie selbst nie einkaufen, kennen sie für alles genau die Preise. Geld spielt eine wichtige Rolle, besonders bei Hochzeiten wird die Zuneigung des Bräutigams von der Größe seiner Geschenke abgelesen. Es wird genau nachgerechnet, ob der vereinbarte Brautpreis in Höhen zwischen 15 000 und 50 000 DM auch an Geschenken, Kleidern, Ausstattung und vor allem an Schmuck und Bargeld zusammenkommt.

Wieviel jemand verdient ist eine Frage, die ständig gestellt wird.

Manchmal fragen mich fremde Leute, Taxifahrer, wieviel ich verdiene. Die Selbstverständlichkeit, mit der diese Frage gestellt wird, verblüfft mich immer wieder. Alles hat seinen Preis, der Jemen ist schließlich eine Händlernation.

Cheria hat eine gute Nachricht für mich. Jetzt ist es sicher, sie darf das letzte Schuljahr in Sanaa zu einer Mädchensekundarschule gehen und sich auf den Abschluß vorbereiten.

Zwar hat es auch dieses Mal lange Diskussionen mit Hassiba und Chalid gegeben, die ihre Tochter nicht so gern nach Sanaa gehen lassen wollten, doch Cheria hat sich mit Ausdauer und Durchsetzungskraft die Chance errungen.

Sie wird nach dem Ramadan zu ihren Großeltern nach Sanaa ziehen. Für Cheria ist der Abschied von Gadima ein schmerzliches Ereignis. Sie war noch nie länger von zu Hause fort. Außerdem hat sie Angst vor der turbulenten Hauptstadt und vor der Selbständigkeit, die sie dort beweisen muß. Niemand wird ihr helfen, die richtige Schule zu finden. Sie wird selbst mit den Direktorinnen der Mädchenschulen um die Aufnahme verhandeln müssen. Außerdem hat sie Angst, daß sie dem Standard der Regelschule nicht standhalten kann, weil sie die letzten beiden Jahre nur im Selbstunterricht gelernt hat. Trotz ihrer Ängste will sie es wagen. Ihre Freundin Malika darf nicht mit. Malika soll nach dem Ramadan verheiratet werden.

Cheria malt mir einen Stadtplan auf, wie ich sie in Sanaa finde, weil sie möchte, daß ich sie sofort nach meiner Rückkehr aus dem Urlaub dort besuche. Sie weiß schon jetzt, daß sie großes Heimweh haben und sich über jeden Besuch aus Gadima riesig freuen wird. Ich verspreche zu kommen, und sie wünscht mir eine glückliche Reise. Falls ich dort einen Freund treffe oder kennenlerne, zwinkert sie mir zu, dann soll ich ihn von ihr grüßen.

Auch von meinen Freundinnen in der Neustadt verabschiede ich mich. Arua will mich zum Abschied bemalen. Ich soll den Leuten in meinem Land zeigen, wie Frauen im Jemen sich schmücken und fröhlich sind. Das ist ihr Mitteilungsbedürfnis an meine Welt.

An einem Abend im Ramadan gehe ich zu ihr. Auf dem Weg ist es sehr hell, denn mein Freund, der Helal, steht hoch oben zwischen den Sternen und leuchtet. Arua bemalt meine Hände und Unterarme mit einer kleinen Nadel und einem schwarzen Farbstoff (Antimonstaub). Vorher habe ich meine Handinnenflächen und Fingerspitzen von Feisa mit Henna gefärbt bekommen. Die Frauen schmücken so auch

**Frauenhand mit Überresten der traditionellen Bemalung (Neksch),
die zu Festen aufgetragen wird.**

ihre Füße. Bei einer Braut werden das Gesicht, der Ausschnitt und
die Oberarme bemalt.

Es ist eine langwierige Arbeit, die über drei Stunden dauert. Arua
zeichnet mit der Nadelspitze ganz vorsichtig, ohne mich zu verletzen,
Blumen und Ornamente auf meine Haut. Zwischendurch rauchen wir
Wasserpfeife, und die Frauen kauen Qat. Nebenbei läuft der Fernseher, der seinen Stellenwert im Leben der Frauen erobert hat und ihr
Fenster zur Welt geworden ist. Aus ihm beziehen sie ihre Allgemein-
bildung.

Die Frauen können gar nicht verstehen, daß ich keinen Fernseher
habe. Sie wollen wissen, wie ich meine Abende ohne Fernseher verbringe. Bücher lesen, Gitarre spielen, Handarbeiten und Musik
hören, das sind alles Hobbys, über die sie verständnislos den Kopf
schütteln. Ich habe das Gefühl, eine merkwürdige Exotin zu sein. Ihre
Reaktion zeigt mir plötzlich wieder, was ich manchmal vergesse; unsere Welten sind so verschieden, daß es über ihre Verständnismög-
lichkeit hinausgeht. Ich glaube sogar, bei allem, was ich gelernt habe,
werde auch ich ihre Welt nie ganz verstehen.

Nachdem meine Bemalung beendet ist, wird die Farbe mit Mehl oder Helbamehl (Bockshornklee) fixiert. Die Hände werden vorsichtig eingefettet und mit Mehl eingestaubt. Danach müssen sie zehn Minuten in einer Plastiktüte schwitzen, damit die Farbe gut einzieht. Waschen darf ich mich erst nach einem Tag, wenn die Farbe fest in meiner Haut sitzt.

Das Antimonpuder ist bestimmt nicht unschädlich, aber die Bemalung ist so schön, daß sie ein Risiko wert ist. Mit dieser Bemalung werde ich in mein Land fliegen, und meine Freundinnen machen sich keine Vorstellung davon, welche Kuriosität das in meiner Welt darstellt. Für sie ist es ein schöner Schmuck, und sie können nicht glauben, daß das jemandem vielleicht nicht gefällt.

Ob ich in meinem Land heiraten werde, möchte Arua wissen. Für Jemeniten wäre es normal, zurückzukommen und von den Eltern einen Partner präsentiert zu erhalten. Nein, versichere ich ihr, auf keinen Fall werde ich heiraten, weil ich mir den Mann selbst suchen muß, und dazu reicht ein Urlaub nicht aus. Da wären wir aber arm dran, lacht sie, obwohl sie schon eine gescheiterte Kurzehe hinter sich hat.

Von der Mutter möchte ich wissen, ob Arua während meiner Abwesenheit verheiratet wird, denn das passiert manchmal sehr schnell. Nein, erwidert die Mutter, erst müsse der Sohn vom Militär zurück sein und seine junge Frau in das Haus bringen, damit sie nicht als Frau allein lebe, dann erst könnte Arua verheiratet werden.

Auch die beiden haben keine Wünsche aus meinem Land, nur eines gibt mir Arua mit auf den Weg: Falls ich in meinem Land doch verheiratet würde (sie glaubt meiner Erklärung nicht), dann müsse es ein Ehemann sein, der mit mir in den Jemen geht. Sie möchten mich auf jeden Fall wiedersehen.

Im Dunkel mache ich mich auf den Heimweg. Ein paar Familien kann ich zum Abschied nicht mehr besuchen, weil ich in der Dunkelheit nicht gern allein herumlaufe.

Kälter als unter dem Helal

Schon im Flugzeug bemerke ich die entsetzten Blicke der Mitreisenden auf meine Hände. Aber noch empfinde ich sie als normal und schön. Erst langsam wird mir bewußt, daß mir mit dieser Bemalung nicht gelingen wird, was nach dem Aufenthalt im Jemen eine meiner Sehnsüchte war. Ich wollte anonym durch Straßen laufen, ohne daß meine Erscheinung ständig Aufsehen erregt. Bis die Bemalung nach zwei Wochen verschwunden ist, muß ich dies Bedürfnis wohl noch zurückstellen.

Im Zug, nach langer Flugzeit, bin ich so müde, daß ich bis Bremen schlafe und kaum die Blicke auf meine Hände bemerke. Ich habe überhaupt kein Gepäck dabei, weil das auf dem Flug verlorenging, und so muß ich den Mitreisenden noch merkwürdiger erscheinen. Die Leute in meinem Abteil sind mir vertraut und wirken trotzdem so fremd. Wie würde ein Jemenite empfinden, der plötzlich in Frankfurt landet und noch nie vorher im Ausland war, überlege ich, wenn ich die modisch gekleideten Menschen betrachte.

An einem regnerischen Sommertag komme ich aus der Wüstensonne am Hauptbahnhof an und bin glücklich, wieder in Bremen zu sein. Meine Freunde rufe ich an, daß sie mich nicht abholen sollen, denn ich möchte zu Fuß durch den Regen laufen, um alles in mich aufnehmen zu können. Es ist tatsächlich meine Stadt, und ich bin hier zu Hause. Fast möchte ich lachen und weinen zugleich.

Ich bin ausgehungert danach, meine Freunde wiederzutreffen und alte Freundschaften aufzufrischen. Alles möchte ich auf einmal tun, durch den Stadtteil laufen und ihn mir wieder vertraut machen, ins Kino gehen, Musikkonzerte hören und vieles mehr. Für meine Freunde muß es merkwürdig sein, mich wieder da zu haben, aber für sie sind eineinhalb Jahre schneller vergangen als für mich. Für sie liegen auch nicht so viele Eindrücke dazwischen, wie ich sie während der Zeit aufgenommen habe.

Meine Freunde meinen, ich habe mich nicht verändert. «Allhamdullilah» (Gott sei Dank) darauf zu antworten gewöhne ich mir schnell ab; meine arabischen Floskeln versteht hier keiner.

Mit arabischen Augen sehe ich nicht nur die Kleidung der Menschen hier, sondern auch ihr Verhalten untereinander, die Distanz, die die Menschen hier zueinander haben. Hier ist es auf einmal nicht mehr selbstverständlich, daß ich mit einer wildfremden Frau rede, nur weil wir das gleiche Geschlecht haben. Wie oft sprechen mich im Jemen Frauen an, laden mich ein und behandeln mich freundschaftlich, nur weil ich ihre Schwester bin. Männer und Frauen sprechen sich in arabischen Ländern nicht nur als Floskel mit Schwester und Bruder an, es charakterisiert das Miteinanderumgehen, allerdings nach Geschlechtergruppen getrennt. Hier habe ich nur wenige Schwestern, solche, die ich schon lange kenne und die meine Freundinnen sind. Doch hier kann ich wieder mit Männern reden, mit ihnen flirten, ohne befürchten zu müssen, deshalb keine Ruhe mehr zu haben, meinen Ruf zu verlieren oder aus dem Land zu fliegen. Dafür merke ich, wie kompliziert die Kontaktaufnahme zu anderen Menschen in meiner Welt ist. Terminkalender, telefonische Verabredungen, Stress bestimmen das Leben. Ich kann nicht einfach in irgendein Haus gehen, sondern ich muß mich vorher verabreden, damit ich nicht ungelegen komme.

Dann soll ich erzählen, wie es im Jemen ist, und viele erwarten von mir schnelle Antworten. Jetzt erlebe ich, wie stereotyp die Fragen meiner Landsleute sein können, so daß ich gar nicht darauf antworten kann. Werde ich von Männern belästigt, haben die dort Vielweiberei, ist es dort heiß, warum bin ich nicht richtig braun, wie sind die Araber im Bett, verhungern die armen Schwarzen dort, kann man deren Nahrung essen, oder holt man sich dabei schlimme Krankheiten?

Am Anfang versuche ich noch, auf jede der Fragen detailliert zu antworten. Ich sehe es als meine Pflicht an, Informationen weiterzugeben und Verständnis für andere Kulturen zu wecken. Doch bald merke ich, daß es kaum jemand hören möchte. Sie haben ihre vorgefertigte Meinung im Hinterkopf und möchten diese von mir bestätigt haben.

Ich werde immer sprachloser und habe keine Lust mehr, ihre Fragen auf dem Niveau zu beantworten. Nur einige wenige gibt es, die tiefergehendes Interesse haben, offen sind und ihre Meinung erst bilden, nachdem sie mehr gehört haben. Die auch wissen und verstehen möchten – wie ich – warum die arabische Kultur anders ist und wie sie ist. Mit diesen Gesprächspartnern lebe ich auf, weil mir ihre Fragen helfen, meine Erfahrungen zu verarbeiten. Während meines Urlaubs lebe ich mich aus, hole nach, was ich im Jemen vermißt habe, und bringe meine persönlichen Angelegenheiten in Ordnung. Dazu zählt auch, daß ich endlich meine Scheidung in die Wege leite, damit ich im Jemen nicht immer lügen muß.

Dennoch fühle ich mich manchmal wie jemand mit einer gespaltenen Persönlichkeit. Nach außen kann ich normal funktionieren, wie ich es vorher tat, aber in meinem Kopf ist noch eine andere Welt ständig gegenwärtig. Was meine Freunde nicht bemerken und kaum nachvollziehen können, läuft wie ein Film in mir ab. Während ich in meiner westlichen Umgebung westlich lebe, sehe ich ständig das Leben mit meinen jemenitischen Freunden vor mir. Es gibt mir einen kleinen Vorgeschmack auf meine endgültige Rückkehr nach einem Jahr.

Deutlich wird mir auch, daß ich noch nicht genügend über den Jemen und die Menschen dort erfahren habe. Ich möchte mehr über sie wissen und freue mich auf die Rückkehr in das arabische Leben. Wie wird es meinen zahlreichen Freundinnen in der Zwischenzeit ergangen sein, welche neuen Hochzeiten gab es, wer bekommt ein Baby, geht es ihnen gesundheitlich gut?

Allerdings weiß ich auch, daß ich nur noch ein Jahr bleibe. Das Leben in der Freiheit zeigt mir deutlich meine Fesseln im Jemen. Ich spüre, daß die Balance dessen, was ich lerne und erfahre, irgendwann die Einschränkungen nicht mehr aufwiegen wird.

Verändert habe ich mich, aber das ist für meine Freunde nicht sofort zu merken. Ich bin aufgeschlossener gegenüber anderen Menschen und Kulturen geworden und habe viele meiner Ängste abgebaut. Hoffentlich konnte ich den Jemenitinnen genausoviel geben, wie ich von ihnen und ihrer Kultur bekam.

«Ja achawat» (Schwestern), ich komme zurück!

Das abgeschnittene Haar

Die ersten Tage der Rückkehr sind wieder sehr anstrengend. Mein Blut muß sich erst an die 2400 Meter Höhe gewöhnen. Jedesmal verbringe ich ein paar Tage mit Kopfschmerzen und Müdigkeit.

Ich fühle mich jedoch auch hier zu Hause. Es begann schon im Flugzeug, wo mir die ersten Jemeniten, die ich sah, so vertraut vorkamen. Die Frauen, die in Frankfurt einstiegen, waren noch nicht verschleiert. Je näher wir Sanaa kamen, desto mehr wickelten sie sich ein und stiegen bei der Ankunft als «normale», schwarz verschleierte Gestalten aus.

Endlich kann ich wieder arabisch reden, was mir in meiner Welt sehr fehlte.

Als erste besuche ich Cheria bei ihren Großeltern in der Neustadt von Sanaa. Ihrem Plan folgend, finde ich das Haus der Familie Sinan. Das letzte Stück führen mich ein paar Kinder. Die Häuser haben keine Nummern und die Straßen keine Namensschilder. Durch Fragen erreicht man sein Ziel genausogut.

Bei meinem Klopfen schreit Cheria aus dem Turmzimmer ganz erfreut meinen Namen. Die Kinder waren vorausgelaufen und hatten angekündigt, daß eine «Naserania» (Christin / Ausländerin) zu Besuch käme, und das konnte nur ich sein. Sie kommt die Wendeltreppe heruntergelaufen und jubelt laute Willkommensgrüße. Endlich bin ich wieder zurück. Sie hatte die Kinder ihres Onkels instruiert, was zu tun sei, falls ich einmal in ihrer Abwesenheit erschiene. Sie sollten mich in das beste Zimmer führen und mir zu essen und zu trinken geben und mich festhalten, bis sie zurück sei.

Jetzt werde ich von ihr mit arabischer Gastfreundschaft bedacht. Dabei unterhalten wir uns aufgeregt, wie es ihr in der Schule ergeht und was es Neues von gemeinsamen Bekannten aus Gadima gibt. Sie berichtet, daß ihre ersten selbständigen Schritte in Sanaa sie große Überwindung kosteten und sie oft schweißgebadet von ihren Besorgungen zurückkäme. Es sei schwer gewesen, die richtige Mädchenschule zu finden, weil nicht alle sie mit ihrer Vorbildung aufnehmen wollten. In der Hauptstadt zählt ein anderer Standard als in Gadima.

Hier gibt es schon viele Mädchen, die das Schulsystem bis zur Sekundarschule durchlaufen haben. Besonders ängstigt sie sich, allein durch die Stadt zu gehen. Nach achtzehn Jahren Abhängigkeit und eingeschränkter Bewegungsfreiheit sind diese ersten Schritte sehr angstbeladen.

Zusammen gehen wir Schaufenster bummeln, was uns in Gadima nie möglich gewesen wäre. Sie genießt es, mit ihrer westlichen Freundin relativ unbehelligt durch die Straßen laufen zu können. Meine Gegenwart macht sie mutiger, und wenn ich die Männer – die uns freche Bemerkungen zurufen – in ihre Schranken verweise, dann stimmt sie lustig mit ein. Zusammen sind wir stark, und das macht ihr großen Spaß. Was ich nicht sofort bemerke ist die Anstrengung, die es sie kostet, mit mir Schritt zu halten.

Unter ihren vielen schwarzen Tüchern ist ihr in der sommerlichen Hitze sehr heiß, und ich bemerke, wie sie nach Luft schnappt. Sie trägt wie alle Frauen Schuhe mit Absätzen auf diesen steinigen, sandigen Wegen und kann deshalb nicht so gut gehen. Ihre Augen müssen sich sehr anstrengen, um durch zwei Schichten Chiffon noch Unebenheiten der Straße zu erkennen. Ich habe alle diese Behinderungen nicht und kann mir nicht vorstellen, daß ich so überhaupt vorwärtskäme.

Wir betreten das Postamt, weil sie ihre Mutter in Gadima anrufen möchte. Plötzlich drückt sie mir einen Geldschein in die Hand und fragt, ob ich den bei einem Schalterbeamten in Stücke umwechseln kann. Natürlich kann ich das, aber warum mag sie es nicht selbst tun?

Anschließend erklärt sie mir, daß sie solche Sachen oft selber tut, jedoch manchmal plötzlich eine tiefsitzende Angst in ihr hochkommt und sie deshalb nicht mit fremden Männern reden kann.

Die Angst aus ihrer Kindheit in Gadima ist dann stärker als ihr neues Selbstbewußtsein. Sie fängt sich bald wieder und kommt sogar schneller zu ihrem Telefongespräch, weil ich dabei bin. Der Postbeamte denkt, daß ich telefonieren will, und bietet mir als Ausländerin galant an, das Telefon in seinem Büro zu benutzen, damit ich mich nicht in die Schlange der Wartenden einreihen muß. Ich bedanke mich bei ihm lachend und verweise auf meine Schwester, die telefonieren möchte. Er ist verwirrt durch meine Sprache und Cherias Gegenwart. Bin ich etwa eine Jemenitin und wage es, unverschleiert herumzulaufen, oder ist Cheria eine verkleidete Ausländerin, was ungeheuerlich wäre. Doch bald merkt er es an meiner Aussprache, die die Ausländerin nicht verdecken kann, und er betont, ich sei aber trotzdem eine von ihnen, weil ich ihre Sprache spreche.

Cheria tauscht ein paar Informationen mit ihrer Mutter aus, dann gehen wir zurück zu ihr nach Hause. Natürlich muß ich zum Mittagessen bleiben, das ihre Tante und ihre Cousinen gekocht haben.

Es gibt noch eine Neuigkeit für mich, mit der Cheria sich vor kurzer Zeit auseinandersetzen mußte. Ihre Eltern hatten erneut versucht, sie zu verheiraten, und sie konnte es gerade noch einmal abwenden. Wie es üblich ist, sollte sie einen Cousin väterlicherseits heiraten. Sie kennt ihn aus ihrer Kindheit, und die Eltern spielen seit langem mit dem Gedanken. Cheria weiß, daß er ein netter junger Mann ist und noch studiert. Die Eltern dachten sich, daß beide heiraten könnten, wenn er sein Studium und Cheria die Sekundarschule beendet hätte. Er möchte eine etwas gebildete Frau, aber ein Studium und spätere Berufstätigkeit wollte er ihr nicht zugestehen, erfuhr sie von seinem Vater, ihrem Onkel. Sie bestand jedoch auf ihrem Wunsch zu studieren, und damit sie es gleich wüßten, hatte sie gesagt, ihr Plan sei es, auch in der Ehe noch zu arbeiten! Daraufhin habe der Onkel sie behandelt wie eine arme Irre, die man nicht so ganz ernst nehmen könne, und sei gegangen. Sie würden schon noch merken, wie wichtig es ihr sei, bekräftigt sie mir gegenüber, und ich bin überzeugt, daß sie es schafft.

Zusammen besuchen wir eine ihrer Freundinnen in Sanaa, deren Bruder Gürtel für die Djambias (Dolche) herstellt. Die beiden Mädchen zeigen mir in seiner Abwesenheit die Werkstatt und erklären die einzelnen Arbeitsgriffe. Die von den Frauen kunstvoll gestickten Stoffstreifen werden auf mehrere Lagen Stoff mit einem Leim aus Maismehl geklebt, dann wird die Rückseite mit Samt überzogen und nach längerem Trocknen vorsichtig gebogen, um den Gürtel beweglich zu machen. Diese Gürtel müssen viele Jahre halten und werden von den Männern jeden Tag getragen. Es ist ein kompliziertes, aber auch lohnendes Handwerk, und der Mann ernährt davon seine Familie.

Während wir mit ihrer Freundin zusammensitzen und gemütlich Tee trinken, erzählt mir Cheria Neues aus Gadima. Ein Mädchen des religiösen Adels in Gadima war unverheiratet schwanger geworden, was in den Familien große Aufregung verursacht hatte. Cheria befürchtet, daß jetzt noch weniger dieser Mädchen die Schule besuchen dürfen als vorher. Dieses Mädchen hatte auf geheimnisvollem Wege einen jungen Mann kennengelernt. Oft nehmen junge Leute über das Telefon Kontakt miteinander auf, und vielleicht war es im Fall des Mädchens auch so.

Da der junge Mann einer niederen Klasse angehört als das Mädchen, wurde sein Heiratsantrag von der Familie des Mädchens abgelehnt. Nun hört sich die Geschichte wie ein arabisches Romeo-und-Julia-Märchen an. Die beiden Liebenden treffen sich trotz aller Erschwernisse, die die strikte Geschlechtertrennung mit sich bringt, und das Mädchen wird schwanger. Die Eltern sind so aufgebracht, daß sie einen erneuten Heiratsantrag des jungen Mannes ablehnen. Das Mädchen wird verprügelt und flüchtet sich zum Vizegouverneur. Die Eltern verlangen, daß das Paar bestraft wird. Vom Vizegouverneur wird eine Entscheidung gefällt, die sehr fortschrittlich ist: Der junge Mann muß das Mädchen heiraten. Damit kann sich ihre traditionelle Familie nicht zufrieden geben. Durch die uneheliche Schwangerschaft fühlt sich die Familie in ihrer Ehre beleidigt, und das ist ein schweres Vergehen. Sie fordern den Tod des Mädchens. Deshalb bleibt sie auch im Gewahrsam des Vizegouverneurs, der ihr zunächst eine Abtreibung vorschlug. Die Frauen hätten aber erzählt, daß sie dies energisch ablehnte. Sie hätte erklärt, sie liebe den Vater des Kindes und würde das Baby niemals töten. Nach einigen Monaten lebt sie immer noch beim Vizegouverneur, und alle hoffen, daß sich ihre Familie beruhigt und ihr irgendwann die Ehe erlaubt.

Eine Flucht des jungen Paares wäre undenkbar, weil die Familie sie überall im Jemen und im benachbarten Ausland finden würde. Ihre einzige Chance zu überleben ist Zeit und die Barmherzigkeit Allahs, erklärt Cheria.

Auf einem der Frauennachmittage erfahre ich später in Gadima, wie die Geschichte mit dem Liebespaar weiterging. Die junge Frau hatte inzwischen das uneheliche Kind geboren und einige Monate im Haus des Vizegouverneurs gelebt. Dann erschien ihre Familie, um sie mit dem Kind abzuholen. Die Frau war inzwischen soweit, daß sie mitging und ihr Schicksal entgegennahm, so wie die Familie es für sie bestimmt hatte.

Die Frauen wissen nur noch, daß die Frau mit ihrem Kind in ein entfernt liegendes Dorf gebracht wurde, in dem ihre Familie Verwandte hat. Ob sie dort weiterlebt oder getötet wird, weiß keine der Frauen zu sagen. Aber Nabilas Schwester erzählt mir davon mit einer Trauer und Schicksalsergebenheit, die den Tod der jungen Frau vermutet. Niemand hat wieder von ihr gehört.

Nabilas Familie ist sehr groß, und so funktioniert der Informationsaustausch der Frauen auch durch die verwandtschaftlichen Verbindungen.

Inzwischen erscheint noch eine Schwester von Cherias Freundin. Sie ist modern gekleidet, und unter ihrem Tuch kommen kurzgeschnittene Haare zum Vorschein. Die junge Frau ist Lehrerin, und Cheria sieht in ihr ein Vorbild für ihren eigenen Bildungswillen. Das abgeschnittene Haar ist ein Symbol, wie es bei unseren Großmüttern die abgeschnittenen Zöpfe waren. Es gibt kaum Jemenitinnen, die es wagen, ihr Haar abzuschneiden, weil das schöne lange Haar, das die meisten ziert, von ihren Ehemännern so gewünscht wird.

Das Haar muß möglichst lang sein, denn wenn über die Schönheit einer Braut gesprochen wird, heben die Frauen besonders hervor, ob sie schönes Haar hat. Außer dem Ehemann sollte jedoch kein Mann die Haare einer Frau sehen, und sehr traditionelle Frauen zeigen auch in Frauenkreisen ihr Haar nicht. Der Islam verlangt, daß eine Frau ihr Haar verdeckt, weil es Feuer sprüht und Männern den Verstand raubt.

Obwohl ich mein langes Haar hier immer hochgesteckt trage, erregt es trotzdem viel mehr Aufsehen als in meinem Land, wo ich mit offenen Haaren herumlaufe. Weibliches Haar wirkt auf jemenitische Männer extrem sexuell stimulierend, und manchmal fühle ich mich wohler und sicherer, wenn ich auch ein Kopftuch trage. Auf Frauenfesten gehen jedoch immer mehr junge Frauen und Mädchen dazu über, ihr Haar offen zu zeigen. Die Frauen vergleichen oft die Länge und Schönheit der Haare. Auch ich muß dann mein hochgestecktes Haar herunterlassen, damit sie es befühlen können.

Es ist ein gewagter Schritt von Cherias Freundin, sich das Haar abzuschneiden. Sie reibt sich über ihr kurzes Haar und lächelt zufrieden. Manchmal würde es sehr viel Aufsehen unter den Frauen erregen, wenn sie ihr Tuch abnimmt und die kurzen Haare zeigt, erklärt sie zufrieden. Es ist schade um das schöne Haar, denke ich, aber ich freue mich für sie, weil sie dadurch ihr neues Selbstbewußtsein dokumentiert. Sie zählt zu der ersten Generation jemenitischer Lehrerinnen, die ihr Studium an der Universität abgeschlossen haben und jetzt im Beruf arbeiten. Viele sind es nicht, weil die meisten nach der Ehe nicht mehr arbeiten dürfen.

Hauptaufenthaltsort (von 6.00 bis 21.00 Uhr) des Händlers ist sein kleiner Laden. Hier verbringt er auch seine «Freizeit» beim Wasserpfeiferauchen und Qatkauen.

Die Freundin ist noch nicht verheiratet, aber sie ist schon lange verlobt und trifft ihren Freund manchmal heimlich. Nur die Mutter ist darüber informiert, der Vater würde sie verprügeln, wenn er davon erführe. Der Verlobte scheint ein sehr aufgeschlossener junger Mann zu sein, und die beiden planen, zusammen Auslandsreisen zu unternehmen.

Ihr Verlobter hat ihr versprochen, daß sie nach der Ehe noch weiter arbeiten darf, erzählt sie mir, doch er fühlt sich bei der Vorstellung nicht besonders wohl. Die Leute würden dann denken, er könne seine Frau nicht ernähren. Wer weiß, wie lange er gegen die öffentliche Meinung standhält. Vielleicht wird sie beim ersten Kind ihre Arbeit aufgeben müssen. Für diese aktiven jungen Frauen ist es schwer, ihre Interessen nach Bildung und Berufstätigkeit durchzusetzen, die ihnen von der Verfassung des Jemen garantiert werden.

Die junge Lehrerin ist ein Vorbild für Cheria, und Cheria wird ein Vorbild für Mädchen in Gadima sein. So verändert sich langsam etwas, aber es ist nur mit der Einwilligung und Unterstützung der Familie möglich. Unabhängig von der Familie kann eine Frau im Jemen

128

In kleinen Buden verkaufen die Händler das Standardangebot: Waschmittel, Milch-pulver, Streichhölzer, Kekse, Tomatenmark, Knoblauch und nichtalkoholische Erfrischungsgetränke.

nichts erreichen. Sie untersteht immer einem Mann. Ist es nicht ihr Vater, dann tritt der Ehemann an diese Stelle oder ein Bruder, und wenn keiner aus dem engen Familienkreis anwesend ist, kann es auch ein Onkel oder ein Cousin sein.

Gegen Abend verlasse ich die drei Mädchen, und Cheria sagt mir zum Abschied, ich könne jederzeit wiederkommen und solle mich in ihrem Haus wie eine Schwester fühlen, die zur Familie gehört. Sie ist dreizehn Jahre jünger als ich, doch das tut unserer Freundschaft keinen Abbruch. Nach diesem Tag bin ich wieder richtig zurückgekehrt.

Ein paar Tage bleibe ich noch in Sanaa, um einzukaufen, Unterrichtsmaterial zu besorgen und Verwaltungsgänge zu erledigen.

Ich unternehme lange Spaziergänge durch die märchenhafte Altstadt von Sanaa, deren verzierte Lehmhochhäuser wie ein Traum aus Tausendundeiner Nacht wirken. Besonders der riesige alte Suq (Markt) strömt so viel altarabisches Leben aus, daß es mich immer wieder dorthin zieht. Manchmal handle ich aus reinem Vergnügen Preise aus, ohne daß ich tatsächlich die Absicht habe, etwas zu kaufen. Die kleinen Wortgefechte um die Preise sind äußerst spannend.

Kleine Jungen verdienen sich etwas auf dem Suq (Markt) durch Teeausschank.

Es ist ein gegenseitiges Einvernehmen, das erzielt werden muß. Keiner soll zu kurz kommen, dennoch wollen beide Parteien ein Geschäft machen. Der Kunde sollte beim Handeln niemals grob unhöflich sein oder die Ware abwerten, um den Preis zu drücken. Kritische Anmerkungen zur Ware werden am besten mit Humor gespickt oder in der Möglichkeitsform vorgetragen. Bekommt der Händler Spaß an den Verhandlungen, was bei westlichen Frauen, die arabisch sprechen, häufig der Fall ist, dann kann es sein, daß er sich irgendwann mit einem Preis einverstanden erklärt, der unter dem normalen Verkaufspreis liegt. Er hat dann soviel Vergnügen an dem Geschäft gehabt, daß es ihm auf das Geld nicht mehr so ankommt.

So wird Einkaufen zu einem spannenden zwischenmenschlichen Austausch, für den Ruhe, Ausdauer und Kontaktfreudigkeit notwendig sind. Schnelle Einkäufe wie bei uns im Supermarkt sind kaum möglich oder sehr preisungünstig. Besonderes Vergnügen bereitet es mir, um alte Silberschmuckstücke zu handeln, deren Wert schwer zu bestimmen und deren Silbergehalt nicht immer eindeutig ist. Dabei muß ein so gutes Verhältnis zum Händler hergestellt werden, daß seine Ehre es verbietet zu lügen. Mit gegenseitigen kleinen Tests über des Handelspartners Kenntnisse in Qualität und Preis des Silberschmucks beginnt meist das Spiel. Interessiert mich ein Stück besonders, dann lasse ich es ziemlich achtlos liegen und spreche nur nebenbei darüber. Wenn ich mich schließlich zum Kauf entscheide, dann handele ich den Preis aus, indem ich deutlich mache, daß ich das Stück nur nehme, wenn der Preis vernünftig ist. Außerdem veranlasse ich ihn, mir bei Allah zu sagen, wie der Silbergehalt ist. Kleine Notlügen im Handel, besonders gegenüber Ausländern, kommen vor. Richtige Lügen jedoch sind eine schwere Sünde für einen Muslim. Wird Allah als Zeuge für den Wahrheitsgehalt einer Aussage angerufen, überlegt es sich manch einer, ob kleine Notlügen dann noch aufrechterhalten werden.

Es ist ein stolzes Volk, und der Begriff der Ehre gilt sehr viel. Ist es einmal notwendig, jemanden zurechtzuweisen, der sich unanständig gegenüber einer Frau verhalten hat oder offensichtlich lügt, dann reicht es meistens, ihn auf diese Ehrlosigkeit aufmerksam zu machen, und er schämt sich wirklich. In unserer westlichen Welt begehen die Menschen leichter Ehrlosigkeiten, ohne sich dafür zu schämen.

Beim Handeln ist es manchmal auch notwendig, auf einen Kauf zu verzichten, wenn man sich über den Preis nicht einigen kann. Der Händler muß nicht verkaufen und der Käufer nicht kaufen, wenn kein gegenseitiges Einvernehmen erzielt wird.

Verabschiedet man sich und geht, kann es sein, daß der Händler hinterherruft, bei Allahs Barmherzigkeit solle man das Stück für einen ihn ruinierenden Preis nehmen, wenn man schon so stur sei. Rührt sich der Händler jedoch nicht, dann weiß man, daß der Preis, den er forderte, gerechtfertigt war. Mit dieser Vorinformation kann man sein Glück beim nächsten Händler versuchen.

Auf dem Silber-Suq habe ich schon viel Zeit verbracht, und einige Händler kennen mich bereits sehr gut. So unterhalten wir uns erst einmal über die gegenseitige Gesundheit und vielleicht über die Familie. Als Frau darf ich nach seiner Frau, Tochter oder Mutter fragen, einem Mann würde er diese Frage sehr übelnehmen.

Die Erstangebote für Silberschmuck liegen meist erheblich niedriger als bei Touristen, und manchmal wird aus einer versteckten Truhe oder unter dem Ladentisch ein schönes Stück herausgeholt.

Einmal zeigt mir ein Händler ein besonders schönes antikes Stück. Er will mir nur eine Freude machen und es mir zeigen, daß ich nicht soviel Geld habe, es zu kaufen, weiß er. Weil es zur Geschichte seines Landes gehöre, habe er den Schmuck dem Museum zu einem günstigeren Preis angeboten, als er von Touristen dafür bekommen hätte.

Ich unterhalte mich gern mit ihnen über die Herkunft und Geschichte des Schmucks, dem man noch die vielen Jahre ansieht, in denen eine Landfrau täglich den Schmuck getragen hat. Sich zu schmücken ist nach dem guten Geruch ein typisches Merkmal jemenitischer Frauen. Parfüm und Schmuck aus Gold und Silber besitzt jede von ihnen in großen Mengen.

Der Silberschmuck wird leider durch industriell gefertigtes Gold abgelöst. Die Frauen finden Gold schöner. Silber charakterisiert für sie eine primitive Landfrau. Ich trage sehr gern den Silberschmuck, und sie lachen manchmal über mich, weil ich das alte Zeug so schön finde.

Carimas Hochzeit

Ich sitze im Bus und denke darüber nach, was mich in Gadima erwartet und was ich in meinem Land erlebt habe. Dabei sehe ich aus dem Fenster, und wie immer fasziniert mich die Landschaft, durch die der Bus vier Stunden lang fährt, bevor wir in Gadima eintreffen. Ich kenne jede Kurve und jeden Berg, weil ich schon so oft an ihnen vorbeifuhr. Zuerst haben die Berge eine schwarze Lavafarbe, die dann langsam in ein liebliches Hellbraun übergeht. Kurz danach lösen Lehmhochhäuser die Steinbauweise ab. Der Lehm ist farblich an die Landschaft der Umgebung angepaßt, und die Dörfer fallen nur wenig auf.

Wie die Formen der Landschaft an mir vorbeiziehen, die unwahrscheinlich karg wirkt und dann urplötzlich und unerwartet kostbare kleine grüne Juwelen in Form von bewässerten Feldern und Weinbergen für das Auge bereithält, so zieht auch meine bisherige Zeit in diesem Land an mir vorbei, und ich sehe Parallelen. Tief in mir fühle ich, daß es richtig war hierherzukommen und zu bleiben, hier zu arbeiten und zu leben, obwohl es mir am Anfang manchmal sehr schwerfiel. Dieses Gefühl gibt mir Zufriedenheit, und ich fühle mich glücklich zurückzukommen. Trotzdem bin ich froh, daß ich mein Vertragsende, nach einem weiteren Jahr in Gadima, festgelegt habe.

Nach Rückkehr in meine Wohnung erwartet mich viel Arbeit. Der Wüstensand hat sie während meiner Abwesenheit total eingestaubt. Trotz geschlossener Fenster liegt immer etwas feiner Staub in der Luft. Die große Wüste, das leere arabische Viertel, befindet sich hinter den nächsten zwei Bergketten.

Dann beginnt mein Besuchsprogramm. Überall muß ich mich zurückmelden und meinen Freundinnen lange Geschichten über mein Land und meine Familie erzählen. Für diese Besuche habe ich unerwartet viel Zeit. Die Schule beginnt noch nicht, weil der diensthabende Schulrat zu einer Pilgerfahrt nach Mekka aufgebrochen ist. Die Raumzuweisung für den Unterricht muß deshalb etwas warten. Außerdem steht das große Pilgerfest bevor, das fünf Tage dauert. In dieser Zeit finden auch viele Hochzeiten statt, und keiner mag so richtig daran denken, mit der Schule zu beginnen. Inzwischen habe ich meinen Übereifer abgelegt, den ich am Anfang hatte, und freue mich mit den Frauen und Mädchen über ein paar weitere freie Tage, in denen wir Feste feiern. Auf den Festen sehen mich potentielle Schülerinnen und wissen, wann der neue Kurs beginnt. Ohne diese Frauennachmittage hätte ich gar keine Möglichkeit, so viele Frauen und Mädchen zu erreichen.

Ich finde die Nachmittage noch immer nicht langweilig und beantworte mit orientalischer Gelassenheit die immer wiederkehrenden Fragen. Wenn es auch immer die gleichen Fragen sind, so steht doch mehr dahinter. Sie werden mit einer Herzlichkeit und Zuneigung gestellt, daß ich mich wohl dabei fühle, mit ihnen zusammenzusitzen.

Bei Hafida wird mir gleich gutes Qat abgegeben, auf das ich in meinem Land verzichten mußte. Arua sorgt dafür, daß mir häufig genug die Wasserpfeife herübergereicht wird, die ich mir mit mehreren Frauen teile. Meist räumen sie mir bei meinen Besuchen den Ehrenplatz am Kopf des Zimmers ein. Nicht nur weil mir als Lehrerin Achtung zusteht, sondern weil ich ein geachteter lieber Gast und eine Freundin bin. Jedesmal werden die anderen Besucherinnen, die mich vielleicht noch nicht kennen, aufgeklärt, wer ich bin und was ich mache. Kleine Anekdoten über mein Verhalten werden liebevoll preisgegeben und immer wieder den neuen Frauen erzählt, warum sie mich mögen. Was mir an menschlicher Wärme fehlt, geben mir diese Freundinnen im Übermaß.

Ob meine Familie noch gesund sei, ob ich nicht geheiratet habe und noch immer keinen Jemeniten heiraten wolle, werde ich wieder gefragt. Was haben die Leute in meinem Land über das «Neksch» (die Bemalung) gesagt, wie haben ihnen der «Gischr» (Schalenkaffee) und die Kichererbsen geschmeckt, die sie mir mitgaben? Hatte ich auch Qat mitgenommen, um den Leuten in meinem Land ihre Droge zu zeigen? Nein, wehre ich Entsetzen spielend ab, das sei in meinem Land genauso verboten wie bei ihnen der Alkohol. Darüber amüsieren sie sich köstlich, so ein komisches Land! Arua ist noch nicht verheiratet und Hafida vielleicht schon wieder schwanger. Sie stillt noch und hat nach der Geburt vor acht Monaten keine Periode mehr gehabt. Da sie inzwischen wieder reichlich Qat kaut, wird ihre Milch weniger, und der erste Eisprung zog wohl gleich eine Schwangerschaft nach sich. Eigentlich wollte sie mit ihrem Mann zur Empfängnisverhütungsberatung, aber bevor sie dazu kamen, fühlte sie sich erneut schwanger.

Auch in der traditionellen Familie, in der ich einmal unterrichtete, gibt es Neuigkeiten. Zwar steht noch immer keine Hochzeit in das Haus, aber die vierzehnjährige Frau des jungen Bruders der Mädchen hatte eine Frühgeburt. Es waren Zwillinge, die sie nicht austragen konnte und die tot geboren wurden. Sie ist nicht bei ihrem Mann, sondern erholt sich eine ganze Zeit bei ihrer Mutter.

Bei meinem Besuch in Feisas Haus, wird mir aufgeregt die freudige Neuigkeit erzählt. Die sechzehnjährige, stille Carima muß jetzt doch heiraten. Der Vater will ihr keinen weiteren Aufschub zum Schulbesuch gewähren. Sie hätte lieber gar nicht geheiratet, weil sie die Schule sehr liebt und immer über ihren Büchern saß, wenn ich früher in das Haus kam. Ihren geheimen Traum, Lehrerin zu werden, konnte sie beim Vater nicht durchsetzen, aber sie hatte gehofft, den Termin für die Hochzeit noch hinauszögern zu können.

Die Frauen wissen den genauen Termin nicht, weil der Vater sie erst kurz vorher darüber informiert hat. Doch es wird sehr bald sein, denn die Geschenke sind bereits eingetroffen. Carima schlug schon immer der kleinste Streß auf den Magen, und seit die Hochzeit feststeht, kann sie nicht mehr richtig essen und schlafen.

Ihr zukünftiger Mann, ihr Cousin väterlicherseits, wird von allen als sehr liebenswürdig beschrieben. Er kannte Carima aus der gemeinsamen Kindheit, hatte sie aber in den letzten sechs Jahren nicht mehr gesehen, seit sie den Schleier trägt. Sie konnte ihn noch manchmal auf der Straße beobachten. Durch seine Schwestern hatte er ihr mitteilen lassen, daß er nichts dagegen habe, wenn sie nach der Ehe weiter zur Schule ginge. Darüber ist Carima froh, doch weiß sie auch, daß spätestens das erste Kind der Schule ein Ende setzen wird.

Ihr Mann ist achtzehn Jahre alt und bereits als Großhändler erfolgreich, zusammen mit seinem Vater. Er plant in naher Zukunft, ein Haus in Sanaa zu bauen, und hat ihr dies als Trost oder Vorfreude auf die Zukunft mit ihm mitteilen lassen.

Am Tag meines Besuchs bei der Familie sind gerade die Geschenke des Bräutigams eingetroffen und meine Mitbringsel aus Deutschland werden achtlos in eine Ecke geworfen. Er hatte die Geschenke eigenhändig für Carima in Saudi-Arabien gekauft, und das rechnen ihm die Frauen als Zeichen der Zuneigung für seine Frau an.

Carima war sehr teuer, der Bräutigam mußte 110 000 Rial für sie bezahlen, was etwa 55 000 DM entspricht. Davon erhielt Carimas Vater 40 000 Rial, und 10 000 Rial werden für das Festessen ausgegeben, das zur Hochzeitsfeier gehört, die eine Woche dauern wird. Für 60 000 Rial bekam Carima Kleider, Goldschmuck, Unterwäsche und Kosmetika von ihrem Bräutigam. Er hatte Carima jahrelang nicht gesehen und keine Vorstellung davon, welche Figur das kleine Mädchen, das er noch kannte, inzwischen entwickelt hat. Deshalb gibt es viel Gelächter, als der große BH zum Vorschein kommt, den die schmächtige Carima noch lange nicht benötigt.

Sie sieht sich die Geschenke mit ziemlicher Distanz an und sitzt schweigend und lethargisch in einer Ecke, während ihre vier Schwestern und ihre Mutter hysterisch ausgelassen in dem neuen Reichtum wühlen. Carima tauscht sich gegen diese Sachen ein, und vielleicht ist ihr das in diesem Moment bewußter als ihren Schwestern.

Feisa, die selber soviel Angst vor ihrer Ehe hatte, scheint sich in diesem Moment nicht daran zu erinnern. Ibtisam, die nach ihrer Herzoperation nicht so beweglich ist, beteiligt sich etwas ruhiger an dem bunten Treiben, und die vierzehnjährige Bilgis versucht die Kleider wieder zusammenzulegen, die Feisa, Ibtisam und Amathalchalig auseinanderzerren und überall herumschmeißen. Sie fühlen die Qualität der Stoffe und lassen das Gold durch ihre Hände gleiten, rechnen mir vor, was die einzelnen Teile gekostet haben, und haben nur noch Augen für die Geschenke. Die Mutter steckt sich die Brautkrone auf ihre roten Hennahaare und tanzt durch die Mafrasch (Wohnraum), obwohl sie sonst nicht mehr so aktiv am Geschehen teilnimmt. Heute spürt sie ihre Schwäche nicht und läßt sich von dem Trubel mitreißen, den die Hochzeit auslöst. Die beiden Schwestern Feisa und Ibtisam hatten vor zweieinhalb Jahren nur 30 000 Rial eingebracht, deshalb wird Carimas Heirat als besonderer Glücksgriff verstanden.

Während Amathalchalig ihr Baby holt, um mir zu zeigen, wie es während meiner Abwesenheit gewachsen ist, nutze ich die Gelegenheit, ein paar Worte mit Carima zu wechseln. Wie sie sich fühlt, möchte ich wissen, und sie antwortet mir, daß ja doch alles in Allahs Hand läge und sie auf seine Barmherzigkeit vertraue. Dem Vater zu widerstehen, wie Feisa es getan hatte, als sie die Ehe verweigerte, ist Carima nicht stark genug. Sie erträgt das Unabänderliche auf ihre Weise, indem sie nicht essen kann und dauernd betet. Der genaue Hochzeitstermin wird ihnen vier Tage vorher mitgeteilt, was aber nicht die Regel ist. Am Donnerstag soll die Braut traditionsgemäß dem Bräutigam übergeben werden.

Am Mittwoch und Donnerstag finden Feste im Haus der Braut

statt. Am Dienstag erscheint eine Frau zum Bemalen der Braut mit «Neksch». Die Malerin ist verwitwet und übt diese Arbeit aus, um sich etwas Geld zu verdienen. Mit ihren Kindern lebt sie im Haus des Vaters, seit ihr Mann an einer schweren Krankheit starb. Außer dem Geld erhält sie noch große Portionen Qat, die sie beim Bemalen aufputschen und ihr Kräfte geben.

Am Vormittag war Carima mit ihren Schwestern im großen «Hammam» gewesen, dem öffentlichen Badehaus, das für die Waschung einer Braut extra angemietet wird. Zur Bemalung versammeln sich dann alle Freundinnen Carimas und geben ihr so das Gefühl der Geborgenheit vor ihrem großen Erlebnis.

Während die professionelle Malerin Carimas Arme bis zu den Schultern, ihre Beine und ihr Gesicht bemalt, unterhalten sich die Freundinnen mit Musik, Tanz und zeichnen den kleinen Mädchen ebenfalls «Neksch» auf die Hände. Carima zieht sich hinter ihren schwarzen Mundschleier zurück und wirkt wie betäubt.

Amathalchalig erzählt von der Hochzeitsnacht, die sie schon viele Jahre hinter sich hat. Zuerst sei es ja nicht schön, aber dann, fügt sie die Hüften schwingend hinzu, würde es ganz toll. Das alles kann Carima nicht von ihrer Angst befreien, und auch ihre unverheirateten Freundinnen sehen Amathalchalig verständnislos an.

Während der ganzen Hochzeitsfeierlichkeiten wirkt Carima, als habe sie sich nicht nur hinter ihrem Mundschleier, sondern in sich selbst zurückgezogen und den anderen ihren Körper zum Bemalen, Schmücken, Ausstellen und zur Hochzeitsnacht überlassen.

Die Malerin erzählt während ihrer Arbeit kleine Geschichten; von der Braut zum Beispiel, die in der Hochzeitsnacht ihre Bemalung auf dem Gesicht und Oberkörper ihres Mannes abgedrückt habe.

Die Mädchen kichern und überlegen, ob sie ihn wohl gehauen habe. Die meisten sind noch Schulmädchen wie Carima, und sie zählen zur Bildungselite Gadimas, die versuchen bis zur 9. Klasse in die Schule zu gehen. Jede weiß jedoch, daß sie bald an Carimas Stelle sein wird.

Im Raum brennen Kerzen in den üblichen Hochzeitsblumensträußen aus duftenden Kräuterblumen. Laute Hochzeitsmusik dröhnt aus dem Kassettenrekorder und putscht die Stimmung weiter auf.

Für den nächsten Tag, den Mittwoch, ist das große Frauenfest angekündigt, das in allen Räumen des Hauses gefeiert wird, weil die einzelnen Zimmer nicht groß genug sind, um die vielen Gäste zu beherbergen. Die Männer feiern Qat kauend im Haus des Bräutigams. Gern hätte ich einmal den Männern zugesehen, wie sie feiern, doch in Gadima ist mein Platz bei den Frauen.

Carima wird an ihrem Festtag durch die Räume geführt und ist prächtig bunt gekleidet. Ich erkenne eines der neuen Kleider. Doch ihr Gesicht zeigt sie während der letzten zwei Tage vor der Hochzeitsnacht nicht einmal mehr unter den Frauen. Es ist eine alte Sitte, die den jungfräulichen Charakter der Braut unterstreichen soll.

In den Räumen, die vollgestopft mit Frauen und Mädchen sind, herrscht eine gute Stimmung. Es ist immer wieder erstaunlich für mich, wie viele weibliche Gäste auf so engem Raum Platz haben. Die Luft ist stickig und heiß, weil die Fenster kaum geöffnet werden. Es könnten sonst aus den Nachbarhäusern Männern zusehen, wie die Frauen tanzen und unverschleiert lustig sind. Außerdem blubbern einige Wasserpfeifen gemütlich vor sich hin und mischen sich mit dem Weihrauch, der extra abgebrannt wird. Amathalchalig bläst den Rauch an jede der Besucherinnen. Einige lassen ihn in ihre Haare und Tücher ziehen, weil sie den Duft von Weihrauch mögen. Manchmal sind die Frauen in neckischer Stimmung und heben einer den Rock hoch, um ihr Weihrauchduft unter den Rock zu blasen. Das führt zu lautem Gelächter der anderen.

Viele der jungen Mädchen, die sich in einem Zimmer zusammengefunden haben, in dem kein Qat gekaut wird wie bei den älteren Frauen, tanzen nacheinander. Manchmal schaut eine der älteren Frauen herein, schmunzelt wohlwollend über soviel Ausgelassenheit und zeigt schnell noch ein paar Schritte eines alten Tanzes, um die Mädchen zu ermuntern, noch mehr zu tanzen.

Für den nächsten Tag, den Donnerstag, ist das große Hochzeitsessen geplant. Die Männer essen wieder als erste im angrenzenden Nachbarhaus und werden von den Brüdern Carimas bedient. Die Nachbarinnen und Freundinnen der Familie haben alle beim Kochen des großen Menüs geholfen, und während die Männer essen, laufen sie schnell nach Hause, um sich ihre schönen Kleider anzuziehen.

Dann sind wir mit dem Essen dran und erhalten einige der Essensreste der Männer, aber es werden dazu noch viele neue Portionen gestellt, die die Küchenfrauen für das Frauenmahl zurückgelassen hatten.

Es schmeckt ausgezeichnet, und der anschließend gereichte gewürzte Schalenkaffee und der Tee leiten über zu einem weiteren

Frauenfest am Nachmittag. Diesmal ist es nicht so groß wie am Vortag, und die Abendstunde, zu der Carima ihrem Mann übergeben wird, rückt immer näher. Sie hat wieder nicht gegessen, und wir sehen sie kaum noch, weil sie in ihrem Zimmer sitzt und betet. Es hängt viel für sie von der heutigen Nacht ab. Der Mann kann sie liebgewinnen oder verstoßen, er kann zärtlich zu ihr sein oder brutal. Sie hat keinen Einfluß auf ihre Zukunft und kann nur beten. Zum Abendgebet verlassen die Frauen das Haus, um nach dem Abendessen in neuen schönen Kleidern zurückzukehren und weiterzufeiern.

Carima wird hergerichtet und geschmückt, während im Haus über ihrem Zimmer die Freundinnen tanzen. Sie warten auf den Moment, wo Carima in weißem Brautkleid mit ihrem gesamten Hochzeitsschmuck angetan erscheint und kurz vor ihrer Übergabe an den Bräutigam den Frauen vorgestellt wird.

Ich werde in ihr Zimmer gerufen, das außer mir nur noch ein paar enge Freundinnen betreten dürfen. Wir sind dazu erwählt, ihr beim Kleiden und Schminken mit Rat und Hilfe zur Verfügung zu stehen. Immer wieder muß ich zu diesem oder jenem Make-up meinen Kommentar geben. Jedes Teil wird vorher diskutiert. Es ist wichtig, daß sie einen schönen ersten Eindruck auf ihren Bräutigam macht. Ihre Schwester Feisa und eine junge Freundin, die seit einem Jahr verheiratet und schwanger ist, hilft ihr beim Anlegen des steifen Kleides und des Goldes. Das weiße Kleid ist bereits eine aus westlichen Ländern übernommene Sitte. Traditionelle Bräute sind sehr bunt in fein bestickte Trachten gekleidet.

In einer stillen Minute gibt die schwangere Freundin Carima leise ein paar Tips für die Hochzeitsnacht. Dabei läßt Carima einmal kurz ihre ganze Angst heraus und ruft verzweifelt aus: sie wolle ja alles tun, nur nicht mit dem Mann «liegen», wie es auf arabisch ausgedrückt wird. Die Freundin rät ihr, den Mann zu bitten, nicht alles in der ersten Nacht zu tun und sich etwas Zeit zu lassen, dann sei es nicht so schlimm. Ihr Mann sei so rücksichtsvoll mit ihr gewesen.

Nach der alten Tradition ist die Rücksicht der Männer jedoch nicht vorgesehen, sie müssen am nächsten Morgen der Mutter das blutige Laken der Schwiegertochter vorführen. Was wird sein, wenn es einmal nicht blutet, überlege ich. Doch ein Blick auf die angstvolle verkrampfte Carima läßt mich ahnen, daß es meistens bluten wird.

Endlich, nach zwei Stunden, ist das Kunstwerk vollendet. Die Braut glitzert im Schmuck und ist von erstaunlicher Schönheit. Sie wird unter lauten Zungentrillern der alten Frauen mit Musik und leuchtenden Kerzen durch den Wendelgang des Lehmtreppenhauses geführt. Bevor sie das Haus verläßt, wickeln die Schwestern sie in den schwarzen Scharschaff, der jetzt alles an ihr verdeckt. Der Treppenaufgang wirkt durch das Kerzenlicht, die eng stehenden Frauen und die trillernden Laute gespenstisch, und alle verfallen in eine hysterische Stimmung.

Kräuterblumensträuße werden von den Frauen hinterhergetragen und Weihrauch geschwenkt. Die Mädchen balancieren große Tabletts mit brennenden Kerzen auf dem Kopf, so wie sie sonst das Mittagessen transportieren.

Die übrigen Frauen kleiden sich dabei eilig auch in ihre schwarzen Scharschaffs und folgen der Braut in die bereitgestellten Autos, mit denen die Männer sie zum Haus des Bräutigams befördern. Ich bin wieder einmal die einzig Sichtbare in dieser Nacht der schwarzen Gestalten.

Vor dem Haus des Bräutigams sitzen die Männer im Kreis und warten. Vorher haben sie getanzt und Hochzeitslieder mit Willkommenstexten für die Braut gesungen. Wir erfuhren davon durch die ganz kleinen Mädchen, die noch Zugang zu den Männern haben, ohne aufzufallen.

Während die Braut in das Haus geleitet wird, zerbricht Feisa einige Eier auf der Türschwelle. Es ist ein altes rituelles Opfer für Fruchtbarkeit und um die bösen Geister zu vertreiben. Manchmal tritt die Braut auch auf das Blut oder den Hals eines frisch geschlachteten Tieres.

Im Haus des Bräutigams, das von diesem Tag an ihr neues Zuhause sein soll, wird sie den dort versammelten Frauen in ihrem Glanz präsentiert, bevor sie ihre Schwestern und engsten Freundinnen sie in das Schlafzimmer des Ehemannes leiten. Hier wird die Ehe vollzogen, an deren Abschluß sie keinen Anteil hatte. Juristische Vereinbarungen wurden durch das Wort der Männer – Vater und Schwiegersohn – vor Zeugen der Familie getroffen. Es gibt keine Heiratsurkunde oder Trauungszeremonie vor einem religiösen Oberhaupt. Das Schlafzimmer hatte ihr Bräutigam mit Girlanden, Süßigkeiten und schönen Vorhängen zum Empfang seiner Braut geschmückt. Dann verlassen sie die Freundinnen, und sie erwartet ihn, dem sie ab jetzt gehört.

Durch die Nacht, die wie immer sternenklar ist, gehe ich nach Hause, doch meine Gedanken sind bei Carima.

Nach der Hochzeitsnacht folgt je ein großer Festtag für die Männer und einer für die Frauen im Hause von Carimas Ehemann. Sie erhält von den Frauen viele Geldgeschenke, die sie ihr oder ihren Schwestern unauffällig zustecken. In Gadima werden Geschenke nicht vor den Gästen diskutiert und betrachtet.

Ein auffälliges neues Schmuckstück um Carimas Hals stammt allerdings nicht von den Frauen, sondern sie erhielt es in der Hochzeitsnacht von ihrem Mann. Sie erzählt mir, daß es der Brauch sei, einer Braut für den letzten Schleier ein Schmuckstück oder Geld zu geben, bevor sie ihn für den Bräutigam lüftet.

Eine Woche nach der Hochzeitsnacht wirkt Carima entspannt und glücklich. Ihre Angst ist gewichen, und sie schildert lächelnd, wie nett ihr Mann zu ihr ist und wie sehr er sie verwöhnt. Er möchte ihre Zuneigung gewinnen, und das hat er auch schon erreicht.

Das erste Mal bekommt sie die Umgebung Gadimas zu sehen, weil er mit ihr in schöne grüne Wadis (Regenwasserläufe) fährt. Sie sind beide sehr jung und vielleicht verlieben sie sich ineinander. Außer den kleinen Ausflügen hat er etwas Neumodisches geplant. Er möchte mit ihr in Begleitung ihrer Mutter und Feisas eine Hochzeitsreise nach Taiz, Hodeida und Ibb machen. Diese Orte kennt Carima nur aus dem Fernsehen und ist sehr aufgeregt bei der Vorbereitung einer solchen Reise.

Der Anfang der Ehe scheint gut verlaufen zu sein und inschaallah (so Allah es will) bleibt es in Zukunft so harmonisch. Es ist zwar eine andere Art zu heiraten, wie ich sie aus meiner Kultur kenne, aber ich denke an die vielen Liebesheiraten, die in unseren Ländern nicht gut verlaufen. Wir glauben, daß die Liebe vor der Ehe dasein soll, und die Jemeniten sind überzeugt davon, daß die Liebe in der Ehe kommt. Es sind zwei unterschiedliche Kulturen und zwei unterschiedliche Wahrheiten.

Nach der Hochzeitsreise ist wieder Ruhe im Elternhaus Carimas eingekehrt, und das Leben läuft normal weiter. Es ist stiller um die alte Mutter geworden, weil außer Carima auch Ibtisam fehlt. Sie hat ihre Erholungsphase nach der Herzoperation beendet und lebt nun wieder mit ihrem Mann zusammen.

Feisa und die junge Bilgis sind noch übrig und besuchen Carima oft in ihrem neuen Haus. In der Mafrasch, die Carimas Mann für sie eingerichtet hat, treffen sich die jungen Mädchen mit ihren Schulbüchern. In einer Ecke steht ein kleiner Schreibtisch, an dem Carima ihre Schularbeiten macht.

Sie hat sich verändert. Aus dem schüchternen unscheinbaren Mädchen wurde eine aufmerksame Gastgeberin, die sich mit Selbstbewußtsein durch die Räume ihrer ersten Wohnung bewegt und sich in ihrer neuen Rolle schnell zurechtfindet. Von der Hausarbeit wird sie noch verschont. Diese verrichten ihre Schwägerinnen und ihre Schwiegermutter. Feisa, Carima und Bilgis kommen jetzt häufiger in meinen Unterricht, aber weniger um zu lernen. Ich habe den Eindruck, daß sie kommen, weil der Unterricht modern geworden ist. Tatsächlich gibt es einen ziemlichen Schülerinnenandrang in diesem Jahr, als ich nach erneuten Verhandlungen und viel Geduld wieder meine Räume in der Altstadt erhalte. Jeden Tag unterrichte ich eine andere Gruppe, und so erreiche ich mit meinem Bildungsangebot viele Familien.

Feisa hat eigentlich keine Lust, zu lernen, aber sie möchte gern den anderen demonstrieren, daß die Lehrerin eine Freundin von ihr ist. Sie sucht nach Anerkennung, die ihr als geschiedener Frau nicht zuteil wird. Sie wirkt zunehmend unzufriedener und verbissener. Vielleicht verdeutlicht ihr Carimas Hochzeit und neuer Status, wie ihr weiteres Schicksal aussehen wird. Nach ihrer mutigen Eheverweigerung findet sie bestimmt keinen Ehemann mehr. Falls es wirklich noch einen gibt, der sie heiraten möchte, dann ist es bestimmt nicht der Traummann, den sie sich vorstellt. Es wird vielleicht ein älterer Mann sein, der sie zur Zweitfrau nimmt.

Wahrscheinlich muß sie jedoch den Rest ihres Lebens in ihrem Elternhaus verbringen, in dem sie irgendwann von jüngeren Schwägerinnen herumkommandiert wird. Ihre Brüder sind noch jung, aber in fünf Jahren wird der erste Bruder sicher verheiratet. Der relative Reichtum und das Gold, das ihre Schwestern haben, wird ihr nicht zuteil. Es muß für die materiell denkende Feisa sehr schmerzlich sein.

Die junge Bilgis ist inzwischen fünfzehn Jahre alt geworden und nimmt mit großer Ausdauer an meinem Unterricht teil, zu dem sie auch ihre Freundinnen mitbringt. Carima erscheint bald nicht mehr und geht auch zum Regelunterricht vormittags nur noch sporadisch. Feisa erzählt mir, daß die Ehe Carima sehr anstrenge. Der Ehemann habe auf dem Suq (Markt) Antibabypillen gekauft, die Carima jedoch nicht vertrage. Nach zwei Monaten setzt sie die Pille ab, und auf einem Frauennachmittag erfahre ich öffentlich, daß Carimas Mann jetzt eine Tüte (Kondom) verwende. Diese Information wird mit größter Selbstverständlichkeit von den Frauen diskutiert. Genauso schnell spricht es sich herum, als Carima nach einem weiteren Monat schwanger ist. Sofort hört sie auf, in die Schule zu gehen, und läßt sich zu Hause verwöhnen. Inzwischen bezweifle ich, daß ihr die Schule einmal wirklich wichtig war. Vielleicht besitzt sie aber auch die Fähigkeit, sich mit dem Unabänderlichen auszusöhnen und sich anzupassen.

Das Haus Feisas wirkt trostlos. Die Mutter liegt meistens schlafend in einem Zimmer, weil sie sich so schwach fühlt. Bilgis ist bei ihren Freundinnen, mit denen sie lernt. Amathalchalig lebt ohnehin schon lange nicht mehr im Elternhaus, und Ibtisam ist jetzt meistens bei ihrer Schwiegermutter. Nur Feisa sitzt vor dem Fernseher, wenn ich nachmittags manchmal vorbeikomme.

Ich muß Feisa mit Cheria vergleichen, die ein so unterschiedliches Schicksal haben. Auch Feisa ist ein intelligentes Mädchen und hätte sicher einen guten Schulabschluß bekommen, wenn der Vater ihr regelmäßigen Schulbesuch gestattet hätte. Sie hat allerdings nicht Cherias Durchsetzungsvermögen und Ausdauer, einen Plan auch in Wirklichkeit umzusetzen.

Für Feisa gibt es keine Möglichkeit mehr, der Trostlosigkeit ihres Elternhauses zu entfliehen. Durch ihre Eheverweigerung ist sie in eine Sackgasse dieser Kultur geraten. Vielleicht wird es in vielen Jahren einmal normal sein, heute ist sie dadurch zur Außenseiterin geworden, und das ist hart.

Chadijas Angst

Nach dem Andrang zu Beginn des Kurses hat sich in jeder Gruppe ein fester Stamm von Schülerinnen gebildet, die regelmäßig erscheinen. Ich merke, wie es mir wesentlich leichter als im ersten Schuljahr fällt, die theoretischen Inhalte auf Arabisch zu unterrichten. Dadurch haben auch die Schülerinnen mehr Spaß und lernen vor allem mehr. Manchmal stelle ich mir vor, wie ein ausländischer Lehrer mit so geringen Deutschkenntnissen, wie ich am Anfang Arabisch konnte, in meinem Land unterrichten würde. Die Alternative wäre jedoch, gar keine Lehrerin für Hauswirtschaft, Gesundheits- und Ernährungserziehung zu haben. Im Jemen gibt es dafür bislang noch keine ausgebildeten Lehrerinnen, wie auch fast alle meine Kolleginnen der Regelschule Ägypterinnen sind, einige Syrerinnen und Sudanesinnen. Die Schülerinnen akzeptieren meine sprachlichen Fertigkeiten erstaunlich gut. Sie freuen sich über mein langsam besser werdendes Arabisch fast mehr als über ihre eigenen Lernfortschritte.

Wo sonst in der Welt kann ein Lehrer, der an die Tafel schreibt, den erstaunten Ausdruck neuer Schülerinnen hören: «Seht nur, die Gisela kann schreiben!» Die Hälfte meiner Schülerinnen kann selbst kaum oder gar nicht schreiben. Die erste Klasse der Alphabetisierung, aus der ich Schülerinnen habe, kann ich beim Schreiben verbessern. Die fünfte Klasse verbessert mich regelmäßig, und so lernen wir zusammen.

Arabisch zu sprechen ist mir so vertraut, daß ich nicht mehr überlegen muß, wie ich Sätze formuliere. Ich kann Scherze machen und verstehe die Witze meiner Schülerinnen. Das hätte ich zu Beginn meiner Tätigkeit nie für möglich gehalten.

Die meisten meiner Schülerinnen sind unverheiratet, einige geschieden. Gelegentlich erscheinen verheiratete Frauen, die jedoch nie lange durchhalten. Kleine Kinder warten zu Hause auf sie, sie werden schwanger oder sind körperlich geschwächt. Frauenfeste locken mit lustiger Abwechslung, und es fällt ihnen schwer, im Unterricht konzentriert mitzuarbeiten, weil es für sie das erste Mal in ihrem Leben ist, daß sie die Schulbank drücken.

Wandbemalung an einer Schule soll zur Alphabetisierung anregen. Die Darstellung entsprach auf Grund der Nähe von Mädchen und Jungen nicht der örtlichen Moral und wurde später übertüncht.

Immer wieder habe ich versucht, einen richtigen Frauenkurs anzubieten, aber außer der Zeit in der Neustadt ist es bislang nicht möglich gewesen. Diesmal scheint es zu glücken, und das liegt wiederum an der Hilfe einer jungen Jemenitin. Sie wird besonders aktiv, nachdem sie schon in den drei vorangegangenen Kursen mehrmals kurz erschienen war. Sie mußte dann jeweils aus Schwangerschafts- und Geburtsgründen abbrechen. Als sie im ersten Jahr kam, war sie hochschwanger. Sie wollte etwas über Babyernährung wissen, bevor ihr Kind zur Welt kam. Damals war sie neunzehn Jahre alt und seit vier Jahren verheiratet. Chadija war die Zweitfreu Ali-Achmads, der selbst schon Anfang Dreißig war. Die erste Frau hatte Ali-Achmad drei Kinder geboren, als er Chadija heiratete, und so eilte es ihm nicht, auch von Chadija sofort Kinder zu bekommen. Während die erste Frau in Hodeida lebt, wo er genau wie in Gadima beruflich zu tun hat, wohnt Chadija weiterhin unter der Obhut ihrer Familie, wenn Ali-Achmad nicht bei ihr ist. Chadija ist eine sehr schöne Frau, die anschmiegsam und liebevoll wirkt. Sie ist intelligent und besitzt ein natürliches Einfühlungsvermögen für andere Menschen. Ali-Achmad ist ihr sehr zugetan, und sein

Zwei Tihamafrauen, unverschleiert

Verhältnis zu ihr ist vergleichbar mit westlichen Männern, die in reiferem Alter eine Geliebte haben.

Nur ist Chadija auch eine Ehefrau mit allen Rechten und Pflichten und mit aller Versorgung, die ihr zusteht. Ihre Kinder werden ehelich geboren und sind Ali-Achmad genauso wichtig wie die der ersten Frau. Beide Frauen wissen voneinander und müssen ihre gegenseitigen Rechte tolerieren.

Chadija scheint glücklich verheiratet und fühlt sich von ihrem Mann gut behandelt. Die Frauen sagen, daß die Zweitfrau meistens mehr geliebt wird als die erste. Der Mann heiratet sie, wenn er selbst älter und auch die Erstfrau gealtert ist. Nach dem Koran ist das nicht zulässig. Gefühle sind jedoch nicht vorzuschreiben, und auch Allah ist barmherzig und verzeiht dem armen Sünder.

Chadijas Status als Zweitfrau wird festgeschrieben, wenn sie auch Kinder geboren hat. Dann ist eine Scheidung weniger wahrscheinlich. Es wird von ihr erwartet, dem Mann Kinder zu gebären, weil das ihre traditionelle Funktion ist. Jemenitische Männer haben sehr gern viele Kinder, und manche Männer heiraten deshalb auch bis zu vier Frauen, wie es ihnen nach dem Koran zusteht. Manche sind in ihrem Leben jedoch mit weit mehr als vier Frauen verheiratet gewesen, weil sie entweder geschieden oder die Frauen bei Geburten gestorben sind.

Solche Lebensläufe gibt es jedoch immer häufiger nur noch bei alten Männern oder bei Männern vom Lande. Die jungen Männer von Gadima gehen nicht zuletzt aus Kostengründen dazu über, nur eine oder zwei Frauen zu heiraten.

Chadijas Großvater war in seinem Leben mit acht Frauen verheiratet, die ihm alle mehrere Kinder geboren haben. Die Anzahl der Onkel, Tanten und Cousins, die daraus entstanden, ist so groß, daß Chadija die Zahl nicht sofort nennen kann und mühsam nachrechnet. In einer anderen Familie erlebte ich, wie die erwachsenen Töchter die Reihenfolge der Frauen, mit denen ihr Vater verheiratet war, nicht mehr zusammenbekamen und lange darüber diskutierten.

Chadijas Vater hatte jedoch nur eine Frau, und Chadija ist bislang die einzige, die als Zweitfrau verheiratet wurde. Ihre beiden älteren Schwestern wurden als Erstfrauen verheiratet und sind bislang auch noch die einzigen Ehefrauen ihrer Männer. Weil die Familien so groß sind und immer untereinander geheiratet wird, ist fast ganz Altgadima miteinander verwandt. Als Chadijas Großmutter stirbt, merke ich im Unterricht, wie viele Schülerinnen mit unterschiedlichen Familiennamen trotzdem mit dieser alten Frau verwandt sind. Hinterher erzählen mir die Mädchen, wie beliebt die Großmutter war. Sogar die Männer hätten bei ihrem Tod geweint. Sie muß eine bemerkenswerte Frau gewesen sein, die ich leider nicht kennengelernt habe.

Chadija hat außer den zwei verheirateten noch sechs andere Schwestern und einen kleinen Bruder. Immer wieder hatten die Eltern sich einen Jungen gewünscht und ihn als vorletztes der Geschwister erhalten. Einmal wurde die Mutter danach noch schwanger, weil es nie sicher ist, ob ein Kind auch überlebt. Doch das letzte war wieder ein Mädchen und ist heute drei Jahre alt. Seitdem nimmt die alte Frau die Pille. Sie ist nicht alt nach Jahren, erst 37 Jahre, aber elf Schwangerschaften seit ihrer Eheschließung mit vierzehn Jahren haben sie gezeichnet. Nur eines ihrer Kinder ist gestorben, eine Ausnahme im Jemen. Vier der großen Töchter im Alter von zehn bis neunzehn Jahren erscheinen immer wieder in meinem Unterricht, und so entsteht nach und nach ein herzliches Verhältnis zu der Familie.

Kurz nachdem Chadija das erste Mal bei mir im Unterricht war, mußte sie entbinden. Die Geburt war vierzehn Tage zu früh eingetreten und verlief sehr kompliziert, weil das Kind trotz Seitenlage normal entbunden wurde. Ein Kaiserschnitt hätte unter den hiesigen gynäkologischen Möglichkeiten bedeutet, daß die Frau nur noch ein- oder zweimal hätte Kinder bekommen können. Das wäre aber bei den meisten Männern ein Scheidungsgrund gewesen.

Ich besuchte Chadija gleich nach der Geburt, um ihr noch beizubringen, was sie in der kurzen Zeit bei mir nicht mehr hatte lernen können. Ihrem Baby ging es nicht gut. Es lag lethargisch da und trank nicht aus eigener Kraft. Ich riet ihr, ins Krankenhaus zu gehen und warnte sie noch einmal davor, dem Baby Fett einzuflößen.

Nach ein paar Tagen erzählte mir die zehnjährige Schwester, daß das Baby auf der Intensivstation des Krankenhauses gestorben war. Sie plauderte auch aus, was Chadija nicht zugeben mochte. In ihrer Angst um das Überleben des Kindes hatten sie zu dem traditionellen Mittel gegriffen und ihm Fett eingeflößt. Dadurch war das geschwächte Baby noch lethargischer geworden, hatte Durchfall bekommen und keine Kraft zum Überleben entwickeln können.

Chadija hatte dem Kind nicht absichtlich schaden wollen, und der Tod des Kindes war ein schwerer Schock für sie. Dieses Kind war nach vier Jahren Ehe ein Wunschkind gewesen, und sie hatte sogar versucht, vorher etwas über Kinderernährung bei mir zu lernen. 40 Tage mußte sie nun trotzdem auf ihrem Wochenbett thronen und die Besuche der Frauen über sich ergehen lassen. Nach Ablauf dieser Frist nahm Ali-Achmad sie mit auf eine Reise, um sie von dem schweren Verlust abzulenken. Tief verschleiert, aber sehr aufnahmebereit für die Reiseeindrücke begleitete sie ihn. Auf den Landstraßen bei größerer Geschwindigkeit fragte sie Ali-Achmad jeweils, ob sie sich öffnen dürfe. Das bedeutet, den Augen verdeckenden Schleier zurückzuschlagen. Der Rest des Gesichts bleibt in das schwarze Lithma (Gesichtstuch) gewickelt. So konnte sie kleine Stücke des gewaltigen Sumarapasses vor Ibb sehen, an dessen Berghängen die jahrhundertealte Terrassenkultur sich wie Haarwellen über die Berge legt. Bevor jedoch der nächste Ort erreicht wurde, mußte sie den Chiffon wieder über die Augen ziehen.

Wenn Ali-Achmad etwas zu essen oder zu trinken besorgte, stieg sie nicht aus. Er brachte es ihr in das Auto, und sie zog ihr Mundtuch unter dem Chiffonschleier herunter und konnte so essen, ohne gesehen zu werden. Oft beobachtete ich diese Szene im Bus, wenn Frauen mit ihren Männern reisten. Sie werden immer versorgt und verlassen den Bus nicht. Manchmal bringen mir jemenitische Männer auch einen Tee mit, weil ich keinen Mann dabei habe. Chadija und Ali-Achmad reisten im eigenen Auto, das er beruflich benötigte. Er ist Händler und versorgte seinen Kleiderladen in Gadima mit Waren aus Hodeida, der Hafenstadt.

Von Hodeida fuhren die beiden kurz an das Meer, das Chadija noch nie vorher gesehen hatte. Allerdings erlebte sie die feuchte warme Luft nicht auf ihrer bloßen Haut, weil sie immer tief verschleiert war. Nur mit den Füßen konnte sie kurz das Wasser berühren. Die Tihama-Frauen (Küstenregion), die ihr begegneten, waren nicht verschleiert und dem Klima entsprechend leichter gekleidet. Diese Frauen verdecken nur ihr Haar durch kunstvoll gewickelte große Tücher. Chadija ist eine Berglandfrau und kommt dazu aus einem größeren Ort, in dem der schwarze Scharschaff ein sozialer Zwang ist. Die Tihama-Frauen gelten bei den Männern als besonders schön, weil sie zu sehen sind. Die versteckte Schönheit der Hochlandfrauen kommt den Männern nur aus ihrem engsten Verwandtschaftskreis zu Gesicht.

In Taiz durfte Chadija auch mit Ali-Achmad auf den Suq (Markt) gehen, weil es in den südlicheren Teilen des Nordjemen kein Tabu darstellt. Als Krönung der Reise erhielt sie in Taiz ein paar neue Kleider und etwas Goldschmuck. Für Ali-Achmad war dies ein teurer Einkauf, denn als gerechter Ehemann muß er auch seiner ersten Frau Geschenke im gleichen Wert mitbringen.

Der Suq in Taiz gefiel Chadija sehr, weil dort ein lebendiges Treiben herrscht und viele Frauen zu finden sind. Besonders begeistert erzählte sie mir nach ihrer Rückkehr von der glitzernden Goldstraße, in der ein Goldschmuckladen neben dem nächsten zu finden ist.

Auf der Reise hatte sich Chadija neu in Ali-Achmad verliebt und ihre schmerzlichen Erinnerungen an den Tod des Kindes etwas in den Hintergrund treten lassen.

Die Mutter Chadijas sitzt dabei, als wir uns lange über ihre schöne Reise unterhalten, und sagt anerkennend, daß Ali-Achmad ein guter Ehemann sei.

Demnächst will Chadija in das Krankenhaus, um sich die Pille geben zu lassen. Sie darf nach der Geburt nicht so schnell wieder schwanger werden, weil sich ihre Muskeln erst festigen müssen.

Wir überlegen, wie wir einen Frauenkurs organisieren können, und sie verspricht, unter ihren verheirateten Freundinnen zu werben. Tatsächlich bringt sie einige dazu, drei Monate lang unregelmäßig in den Unterricht zu kommen. Die Frauen dürfen dann spontan wählen, ob sie lieber bei Pea Textil lernen oder zu mir kommen möchten. Der Unterricht ist auch weniger verschult als der, den wir mit den großen Mädchen durchführen. Die Frauen sind keine Schule gewöhnt, und um durchzuhalten, dürfen sie nicht zusätzlich unter Schulstreß gesetzt werden. Das Ganze wirkt immer mehr wie ein gemütlicher Frauennachmittag mit Tee und vielen privaten Gesprächen. Mir macht dieser Unterricht die größte Freude, aber nach drei Monaten ist der Elan der Frauen dahin.

Ihre kleinen Kinder mußten sie während der Zeit irgendwo unterbringen, und das stellte für manche ein Problem dar. Besonders die modernen Frauen, die schon in Kleinfamilien leben, tragen die ganze Verantwortung für die vielen Kinder allein. Die traditionelleren Frauen werden in der Großfamilie sehr entlastet, müssen sich aber immer den älteren Frauen unterordnen.

Einige brachten ihre Kinder mit in den Unterricht, und der kleine Pausenhof war jedes Mal von Kindergeschrei erfüllt, während wir in der Küche kochten oder über Babyernährung und Gesundheitserziehung diskutierten.

Chadija erschien mit ihren Schwestern und Freundinnen sehr häufig im Unterricht und telefonierte immer vor dem Unterricht herum, damit die anderen nicht den Termin vergaßen, der nur einmal pro Woche für Frauen und sonst für Mädchengruppen in den beiden Altstadtschulen stattfand.

Nach Beendigung des Frauenkurses ist Chadija schon wieder schwanger. Sie konnte die Pille nicht nehmen, weil sie nach der Geburt des Kindes ihre Periode nicht mehr bekam. Wir rechnen zurück und kommen auf den Monat, in dem die schöne Reise mit Ali-Achmad stattgefunden hatte. Sie ist sehr in Sorge, daß sie dies Kind wieder verliert, weil es viel zu schnell nach der anderen Schwangerschaft begann. Doch bislang scheint alles gutzugehen, und ihre Stimmung pendelt zwischen Freude und Angst.

Da Ali-Achmad häufig in Hodeida ist und sie nicht allein wissen möchte, mietet er eine Wohnung in einem Haus, in dem auch Chadijas Schwester Amathalmalik mit ihrem Mann und ihrem Baby wohnt. Amathalmalik hatte die kleine Tochter kurz vor Chadijas erster Niederkunft geboren. Es ist ihr erstes Kind, das sie ein Jahr nach der Hochzeit bekam.. Inzwischen ist sie siebzehn Jahre alt und ihr Ehemann 24. Zuerst hatten sie bei den Eltern des Mannes gewohnt, aber als junges Paar fühlten sie sich wohler in einer eigenen Wohnung. Die Großfamilie löst sich allmählich auf. Die beiden Schwestern hängen sehr aneinander und sitzen oft zusammen.

Es ist gemütlich bei ihnen, und ich verbringe gern meine Zeit mit ihnen. Man merkt, daß sie in glücklichen Ehen aufgehoben sind und aus einem liebevollen Elternhaus kommen. Manchmal setzt sich der alte Vater zu uns, wenn er hört, daß außer mir keine fremden Frauen anwesend sind. Er unterhält sich gern mit mir, und ich bin interessiert, etwas aus der Männerwelt zu erfahren. Zusammen mit seinen Töchtern und seiner Frau ist es möglich, mit ihm zu reden, ohne den Anschein von Unmoral zu erwecken.

Er kennt und respektiert die Regeln genau. Auf der Straße würde er nie mit mir so sprechen, um meinen Ruf nicht zu schädigen. Er würde mir auch nicht öffentlich die Hand zur Begrüßung reichen, weil es tabu ist, fremde Frauen zu berühren. Wenn sich an der Haustür andere Frauen melden, die einen Nachmittagsbesuch machen möchten, verschwindet er sofort in irgendeine Teestube. Nachmittags gehört das Haus den Frauen. Auch während der zahlreichen Frauenfeste ist niemals ein Mann anwesend. Die Männer treffen sich dann in anderen Häusern und kauen Qat zusammen. Einmal komme ich zu Chadija, um sie zu besuchen, da sind viele Frauen versammelt, und sie liegt, in Decken gewickelt, in einer Ecke. Gequält erzählt sie mir, sie habe schon entbunden. Das Kind war im siebten Monat und schon tot, bevor sie aus dem Krankenhaus entlassen wurde. Die Mutter erklärt mir mit Tränen in den Augen, wie groß Chadijas Kind war und was es alles gehabt hätte, Haare, so kleine Hände, und es sei ein Junge gewesen. Sie hätte nun schon einen Jungen und ein Mädchen haben können, überlegt Chadija verzweifelt.

Wie kann ich sie nur trösten? Wieder ist eine Hoffnung für sie zerstört. Die Frauen segnen sie immer wieder und trösten mit Allahs Ratschluß, der schon wisse, warum er so hart sei. In Zukunft würde es vielleicht besser, denn Allah sei barmherzig und würde sie nicht vergessen. Später erzählt Chadija mir, wie es zu der Frühgeburt kam. Ali-Achmad hatte ihr unerwartet viele Gäste aus Hodeida mit ins Haus gebracht und von ihr erwartet, daß sie alle versorgt und bedient. Er hatte nicht bedacht, daß Chadija ja eine Risikoschwangerschaft trug und nicht mehr hart arbeiten durfte. Sie selbst wußte es auch nicht viel besser, und schließlich war es ihre Pflicht, die Gäste des Ehemannes zu versorgen. Als sie sich beklagte und ihm erzählte, sie fühle sich so schwach von der Schwangerschaft, hielt Ali-Achmad ihr die Mutter als Beispiel vor, die so viele Kinder geboren und niemals ihren Haushalt vernachlässigt hätte.

Nachdem die Gäste abgereist waren, bekam sie Wehen, und das Baby wurde aufgrund ihrer noch schwachen Muttermundmuskeln sehr schnell geboren.

Wieder muß sie 40 Tage die Besuche der Frauen entgegennehmen. Wie eine Schauspielerin antwortet sie mit den vorgegebenen Antworten auf die immer gleichen religiösen Trostsprüche. Ob es ihr wirklich Trost gibt, ist fraglich. Die Zeit wird sie vergessen lassen. Doch schlimmer noch als die Trauer belastet sie die Angst, Ali-Achmad könne sie scheiden.

Er ist jedoch zunächst sehr besorgt um sie und bringt sie zu Nach-untersuchungen in das Krankenhaus, wo sie dieses Mal rechtzeitig die Pille bekommt. Damit ist das Problem jedoch nicht gelöst, denn sie hat immer Zwischenblutungen. Während dieser Zeit darf Ali-Achmad nicht mit ihr schlafen, weil eine blutende Frau als unrein gilt. Er verliert langsam die Geduld, und einmal wirft er ihr im Ärger vor, was ihre geheimen Ängste sehr trifft. Sie sei keine richtige Frau, ihre Gebärmutter funktioniere nicht, weil sie keine lebenden Kinder austragen könne. Tief niedergeschlagen treffe ich sie nach-mittags an. Ali-Achmad ist gerade wieder in Hodeida bei seiner er-sten Frau.

Sie fühlt sich krank und erzählt mir, daß sie die Pille schon länger nicht mehr nimmt, wegen der Blutungen. Ihre Periode ist trotz Verhü-tung mit Präservativen überfällig. Die Frühgeburt liegt jetzt vier Mo-nate zurück. Sie hätten zwar jedes Mal verhütet, aber andere Frauen würden auch trotzdem schwanger. Bei Carima sei es doch auch trotz «Tüte» passiert. Sie hat furchtbare Angst, erneut schwanger zu sein. Es ist wieder viel zu kurz nach der anderen Geburt.

Sie meint aber, sie fühle sich nicht so wie sonst, wenn sie schwanger war, und wir kommen zu dem optimistischen Schluß, daß sie es auch nicht ist. Zunehmend wird sie entspannter und fühlt sich besser. Wenn sie schwanger wäre, würden wir auch nichts ändern können, so ist es besser, daß sie sich psychisch wohler fühlt. Ihre beiden Schwestern, die in der Nachbarschaft verheiratet sind, und Amathalmalik sitzen dabei und auch die Mutter mit den jüngeren Schwestern. Sie möchten viel über mein Land und mein Leben wissen und fragen mich oft zu bestimmten Themen. Besonders interessiert sie das Familienleben in westlichen Ländern, weil sie das am ehesten mit ihrer Welt vergleichen können. Es ist schwer, unsere Welt in solchen Worten zu erklären, die in dieser Kultur verstanden werden. Alles ist so extrem anders in der westlichen Welt, und die Frauen haben noch nie Informationen aus dem Ausland gehabt. Sie lesen keine Bücher, haben keine westlichen Illustrierten, und im Fernsehen laufen keine westlichen Filme. Nie waren sie im Ausland und werden kaum jemals eine Auslandsreise machen können. Wie sollen sie sich meine Welt vorstellen?

Manchmal phantasieren wir und überlegen, wie es wäre, wenn sie mich einmal in meinem Land besuchen würden. Doch wenn einmal jemand von ihnen in mein Land reisen würde, wäre es bestimmt keine Frau. Urlaubsreisen in außerarabische Länder sind verpönt. Lediglich um sich in bundesdeutschen Krankenhäusern behandeln zu lassen, kommen jemenitische Frauen manchmal in mein Land. Doch das möchte ich keiner von ihnen wünschen.

Sie erzählen mir von einer Bekannten, die keine Kinder bekam und als letzten Versuch vor der Scheidung von ihrem Ehemann nach Bonn in ein Krankenhaus zur Untersuchung gebracht wurde. Dabei untersuchten sie auch ihn, und es stellte sich das völlig Unmögliche heraus. Nicht seine Frau, sondern er war unfruchtbar. Welch eine Schmach für einen Mann, der seine Potenz durch die Anzahl seiner Kinder demonstrieren möchte.

Im Gespräch mit den Frauen nenne ich einige Dinge, die bei uns anders sind, wie Kleidung, Verhalten zwischen Frauen und Männern und wie sich Paare kennenlernen. Obwohl ich alles sehr vorsichtig formuliere und erkläre, sind die Unterschiede kraß. Sie kennen auch Geschichten über Ausländerinnen, die sich im Jemen westlich benehmen. Sie hielten diese Frauen für sehr unmoralisch, geben sie mir gegenüber zu. Besonders machen sie es an der Kleidung fest, weil es das Offensichtliche ist. Ich versuche etwas Verständnis zu wecken und versichere ihnen, daß diese Frauen sich im Sinne ihrer eigenen Kultur durchaus anständig verhalten. Sie haben keinen Vorbereitungskurs gehabt, bevor sie als Touristinnen in den Jemen fuhren, und niemand sagt ihnen, wie der Anstand im Jemen definiert wird.

Das leuchtet ihnen ein, aber ich kann es nicht jedem so erklären, vor allem nicht den vielen Männern, für die westliche Frauen aufgrund ihres Erscheinungsbildes Huren sind. Während wir so gemütlich schwätzend zusammensitzen, kauen wir auch Qat, das ich dieses Mal gekauft habe. Wie ein Mann, meint Amathalmalik, hätte ich sie heute mit Qat versorgt. Eine Frau kauft kein Qat selber ein, sondern erhält ihre Zuteilung von ihrem Mann. Sie wollen hören, wie es war, als ich das Qat einkaufte, und wie die Männer reagiert haben. Sie kichern und finden es lustig, daß ich so normal einkaufen gehen kann.

Oft besorge ich ihnen etwas vom Suq, weil ich mein «Privileg», einkaufen zu dürfen, nicht nur für mich allein nutzen will. Für Hausfrauen ist es nicht unbedingt ein Nachteil, wenn man bedenkt, daß ihre Männer für den gesamten Lebensmitteleinkauf zuständig sind und diese jeden Tag für die Großfamilie nach Hause tragen müssen.

Abends, nach Sonnenuntergang und Qat, bin ich wieder zu Hause in meiner Wohnung allein und sehr aufgeputscht. Am liebsten möchte ich fünf Dinge auf einmal tun, so wirkt Qat manchmal. Ein anderes Mal wirkt es sehr entspannend und unterstreicht eher die Stimmung, in der man ohnehin schon ist. Allerdings ist es keine das Bewußtsein verändernde Droge und eher mit einem Aufputschmittel zu vergleichen, das etwas stärker ist als Koffein, Teein oder Nikotin.

Manchmal verärgern mich deshalb Zeitungsartikel westlicher Reporter, die nur kurz im Land waren und oberflächlich über den Qatgenuß herziehen. So heißt es oft, die Droge lähme jeden Nachmittag die Volkswirtschaft, und Menschen würden im «Qatrausch» handeln, den es nicht gibt.

Wenn die Händler nachmittags in ihrem Laden liegen und Qat kauen, kann es für einen oberflächlichen Betrachter, der selbst viel später aufgestanden ist, so aussehen, als hätte die Droge fatale ökonomische Folgen. Macht sich der Besucher aber die Mühe, den ganzen Tagesablauf dieser Menschen zu berücksichtigen, die von Sonnenaufgang bis zehn Uhr abends in ihren Läden beschäftigt sind, dann sind die drei Stunden, in denen nachmittags alles ruht und Qat gekaut wird, eine verdiente Mittagspause. Besonders jene, die bereits direkt nach Sonnenaufgang im Anschluß an das Gebet mit der Arbeit beginnen und dann bis spät in den Abend dabeibleiben, haben diese Pause verdient.

Der Qatanbau hat außerdem eine wichtige Funktion für die Landwirtschaft. Viele der Terrassen, die vom Verfall bedroht sind und danach unweigerlich Erosion nach sich ziehen würden, bleiben erhalten, weil der Qatanbau darauf sehr lohnend ist. Die Bauern haben durch den Qatverdienst die Möglichkeit, ihre Betriebe finanziell abzusichern. Monokulturen von Qat findet man fast nirgendwo. In den Weinbergen um Gadima stehen zwischen den Weinstöcken Qatbäumchen. Auf den Terrassen wechseln sich Qatterrassen mit Getreideterrassen ab.

In der arabischen Welt sind viele Dinge nicht, wie sie auf den ersten Blick erscheinen.

Heimliche Männergeschichten und offene Heiratsanträge

Nach meiner Rückkehr aus dem Urlaub hatte ich beschlossen, das letzte Jahr im Jemen nicht mehr so «männerlos» zu verbringen, wie die ersten eineinhalb Jahre. So nahm ich das Angebot eines jungen Westlers an, der mich schon längere Zeit umschwärmt hatte. Es wird eine traurige Affäre, weil ich ihm nicht die gleichen Gefühle entgegenbringen kann, die er für mich hegt. Manchmal treffe ich ihn, wenn ich in der Hauptstadt bin, oder er kommt die vier Stunden nach Gadima gefahren. Doch in Gadima zeige ich mich nicht mit ihm zusammen auf der Straße, weil ich sonst erklären müßte, wer er ist. Auch in Sanaa befürchte ich immer, daß uns jemand aus Gadima zusammen sieht. Die ganze Liaison ist sehr angstbeladen, so daß ich mich kaum auf unsere Treffen freuen kann. Die Nächte in seiner Wohnung verbringe ich anfangs in ständiger Furcht, daß die Sicherheitspolizei auf einen Anruf der Nachbarn hin an der Tür klingelt.

Die Leute wissen, daß in der Wohnung ein Junggeselle wohnt, und sehen mich dort hineingehen. Anders ist es in Gadima, wo sich in unserem Haus drei verschiedene Wohnungen von Ausländern befinden und niemand sagen kann, zu wem der Besuch geht, sobald er das Haus betreten hat.

In Sanaa werden Gruselgeschichten erzählt, von denen aber niemand genau weiß, ob sie zutrafen. So sollen Filipinofrauen, die bei ihren Freunden übernachteten, nachts abgeholt und in ein Gefängnis gebracht worden sein. Dort hatten sie einiges zu befürchten, der Einlieferungsgrund lautete schließlich Hurerei. Anschließend wurden sie aus dem Land gewiesen. Wir bleiben unbehelligt, und nach einiger Zeit legen sich meine Ängste etwas. Der Vertrag meines Freundes wird nicht mehr verlängert, und so endet unsere Beziehung. Ich glaube, das war das beste so für uns beide.

Inzwischen hat sich bei mir Besuch angemeldet. Ein Entwicklungshelfer, mit dem ich vor zwei Jahren den gleichen Vorbereitungskurs in Berlin absolviert hatte, kündigte an, mich und den Jemen besuchen zu wollen.

Ich erwarte keinen Liebhaber, aber einen Freund, mit dem ich vor zwei Jahren viele gemeinsame Interessen hatte. Deshalb freue ich mich riesig auf ihn. Er ist auch mein erster Besuch im Jemen, dem ich «mein» Land zeigen kann. Noch dazu versteht er selbst viel von Entwicklungsarbeit und ist interessiert, das Land richtig kennenzulernen. Da ich zur Zeit seines Besuchs gerade Halbtermferien habe, plane ich, eine Landesreise mit ihm zu unternehmen. Eine Reise, die ich allein als Frau nicht machen könnte und er allein als Tourist ohne Arabischkenntnisse sich auch nicht zutrauen dürfte, auch wenn er ein erfahrener Reisender ist, der schon Saharadurchquerungen hinter sich hat. Silvester will er hier sein. Gespannt warte ich auf seine Ankunft am Flughafen, um ihn abzuholen. Er wird einen erstklassigen Besucherservice bekommen, für alle meine Heimatfreundinnen und -freunde mit, die es nicht geschafft haben, mich zu besuchen.

Sanaa Airport, wo ich vor zwei Jahren ankam, hat sich sehr verändert. Aus einer Baustelle ist ein internationaler Flughafen geworden, und die Zufahrtsstraße ist seit der letzten islamischen Konferenz in einem sehr guten Zustand. Der ganze Weg ist mit Triumphbögen überzogen, die die islamischen Brüder anderer Staaten zur Konferenz willkommen heißen. Der Jemen verändert sein Gesicht mit einer Geschwindigkeit, daß es bereits in diesen zwei Jahren für mich sichtbar ist.

Pünktlich landet «Yemenia» und bringt meinen Bruder, denn so habe ich Volker schon seit Wochen in Gadima angekündigt, damit ich mit ihm durch die Straßen laufen kann. Er sieht sich aufmerksam um, ich beobachte ihn durch die Glasscheibe von außen, bis er den Zoll passiert hat. Die Whiskeyflasche ist auf meinen Rat unten im Gepäck versteckt und ebenso Zeitschriften, die er von seinem Aufenthalt in der Bundesrepublik mitgebracht hat. Typisch westliche Werbung würde hier schon als Pornographie angesehen und eine zollfreie Flasche Alkohol darf auch nicht bei jedem Zöllner mitgebracht werden. Gerät man an einen sehr religiösen Zöllner, kann es sein, daß die Flasche beschlagnahmt oder zerschlagen wird. Doch er hat nichts, was den Zöllner interessiert, und schon ist er durch die Sperre hindurch.

Er möchte mich zur Begrüßung umarmen, doch wird er gleich zurückgestoßen. Wir sind im Jemen, da geht das nicht in der Öffentlichkeit.

Den ersten Vormittag verbringen wir in Hektik, um in Sanaa sein Visum bestätigen zu lassen und schnell noch einen Gang über den

alten Suq zu machen, bevor wir nach Gadima aufbrechen, wo ich noch
ein paar Tage unterrichten muß, bevor die Ferien beginnen.

Nachdem Volker das moderne Sanaa kennengelernt hatte, soll er
unbedingt durch die Altstadt und den Suq laufen, wo noch der Orient
lebt. Gezielt zeige ich ihm die schönsten Ecken, denn ich bin hier zu
Hause. Dann fahren wir im Auto nach Gadima, und ich bin gespannt,
wie er alles aufnimmt und wie es ihm gefällt. Er ist ganz still auf der
langen Autofahrt und betrachtet die schöne Landschaft. Zuviel Schönes und Neues auf einmal erzählt er mir abends in meiner Wohnung,
er ist ganz bezaubert davon.

Wir reden von Anfang an sehr vertraut miteinander und mit sehr
großer Offenheit in persönlichen Dingen.

Solchen Einschränkungen, wie wir sie hier im Jemen haben, unter-
liegt er in seinem Land Lesotho nicht. Sicher ist es dort manchmal
einsam, und Freundschaften der Westler werden auch beobachtet und
darüber getratscht; das könnte aber nie den Arbeitsplatz gefährden
oder bewirken, daß deshalb keine Schüler mehr geschickt werden.
Dort ist alles viel westlicher als im Jemen.

Er ist begeistert davon, wie hier noch der alte Orient erhalten ist,
kann sich jedoch gut vorstellen, wie schwer es deshalb ist, hier zu
leben und zu arbeiten. Wir sind uns unerklärlich nahe, aber keiner tut
den ersten Schritt. Jeder wartet auf den anderen. Wir möchten uns in
dieser Ausnahmesituation nicht gegenseitig nötigen. Schließlich planen wir, in den nächsten dreieinhalb Wochen zusammen zu reisen.

So hätte es den ganzen Urlaub weitergehen können, wenn nicht ein
englisches Ehepaar, mit dem ich befreundet bin, eine Silvester- und
Abschiedsparty gegeben hätte. Das neue Jahr beginnt, und im Über-
schwang der Neujahrsumarmungen finden auch wir zusammen. Wir
haben uns verliebt. Einen knappen Monat nur wird unser Glück – so
wissen wir – dauern, dann muß Volker wieder in sein Land zurück.

Nicht zuletzt deshalb wird unsere Landesreise wunderschön und
zeigt uns beiden den Jemen in seinen schönsten Farben. In Gadima ist
Volker schnell als mein Bruder bekannt, und ich staune immer, wenn
er nach Hause kommt und erzählt, wer alles freundlich zu ihm war,
weil er mich kennt. Da er nur mit Männern ins Gespräch kommt,
kann ich die Leute nicht kennen. Die Männer aber wissen genau, wer
ich bin. Vielleicht unterrichte ich Mädchen aus ihrer Familie, oder sie
haben davon gehört, daß ich in Gadima als Lehrerin arbeite. Volker
versteht bald die Frage, ob er mein Bruder ist, auf arabisch, und wenn

er zustimmt, darf er fotografieren oder wird zum Qatkauen eingeladen.

Die Männer der zahlreichen Familien, die ich kenne, halten mir gegenüber auf Distanz, weil die einheimischen Anstandsregeln das verlangen. Mit einer Frau, die geachtet wird, spricht ein Mann nicht, die starrt er nicht an, die grüßt er nicht in der Öffentlichkeit und der reicht er schon gar nicht zur Begrüßung die Hand. Ein Schuldirektor, dem ich am Anfang unbefangen die Hand zur Begrüßung hingestreckt hatte, zuckte zurück, als habe er seine Hand an meiner verbrannt.

Heute überrascht mich eine derartige Reaktion nicht mehr, und ich warte, wie sich die Männer verhalten. Die modernen Männer wissen, daß es in meiner westlichen Welt unhöflich ist, wenn sie mir nicht die Hand geben, und sind deshalb manchmal sehr verwirrt, wie sie sich am besten mir gegenüber verhalten.

Nachdem einige meiner Schülerinnen Volker und mich zusammen gesehen haben, entbrennt ein Wettkampf unter den kleineren Mädchen, wer ihn getroffen hat. Stolz berichten sie mir am Nachmittag im Unterricht, was er am Morgen tat. Die Frauen und großen Mädchen erzählen mir, daß Männer ihrer Familie berichteten, Gisela sei mit einem Mann durch die Stadt gelaufen. Die Frauen wußten jedoch, daß es mein Bruder war, der hier ist, um das Land kennenzulernen, in dem seine Schwester arbeitet. Hoffentlich gefällt es ihm, meinen sie, sonst kann der Bruder stellvertretend für den Vater anordnen, daß die Schwester nach Hause zurückkehrt. Was wäre gewesen, wenn ich ihn nicht als meinen Bruder angekündigt hätte, überlege ich manchmal, bei dem Aufsehen, das er erregt. Wieviel Aufregung und Skandal hätte der Besuch eines Freundes gebracht. Mit dieser Notlüge sind alle zufrieden und glücklich.

Immer wieder bekunden meine Freundinnen und Schülerinnen, wie sehr sie sich mit mir freuen, daß ich endlich einmal Besuch aus meinem Land habe und noch dazu aus meiner Familie. Für sie ist es das Schlimmste, von der Familie, dem Stamm, dem Land getrennt zu legen. Sie kennen den Schmerz der Trennung, weil fast aus jeder Familie ein Mann in Saudi-Arabien oder am Golf arbeitet oder im Ausland studiert.

Als endlich die Ferien beginnen, verlassen wir Gadima, das wir noch während der Schulzeit erkundet haben und in dessen schöner Umgebung wir am Wochenende Spaziergänge unternahmen. Wir besuchen die südlichen Städte, in denen das Leben etwas freier ist als im konservativen Norden. Doch überall gelten die Werte und Normen des Islam.

Das Meer, das paradiesisch unberührt wirkt, ist kein Ferienparadies für badende Westler. Die mit Palmen bewachsenen Strände sind nur so lange menschenleer, wie keine badende Frauen zu sehen sind. Die Fischer, die dort leben und arbeiten, sind schockiert und erregt, wenn sie Frauen im Badeanzug sehen. Es kommt leicht zu Belästigungen, besonders wenn Frauen sich dort allein aufhalten. Die Regierung hat einen Soldatenstützpunkt errichtet, der Touristen schützen soll, denn offizielle Stellen wünschen den Tourismus.

Dort und auf unserer Reise über die Schmugglerpisten der Nordroute werde ich nie belästigt. Volker wirkt symbolisch als mein Beschützer, und ich habe das nötige Vokabular bereit, die Männer sofort in ihre Anstandsschranken zu verweisen. Eine Frau, von der sie auf ihren Anstand und auf ihre Religion hingewiesen werden, beschämt sie sehr, und nur wirklich kriminelle Männer würden danach noch handgreiflich werden. Der Anstand hat seinen Stellenwert und ist ein Teil der Ehre eines Mannes.

Volker ist inzwischen von meinem Bruder zum Ehemann avanciert. Ein Bruder hätte häufig Heiratsanträge für seine Schwester abwehren müssen. So reise ich mit meinem «Besitzer» und bin unantastbar.

Die Sicherheit ist um so größer, je mehr man sich den geltenden Normen entsprechend verhält. «Unmoralische Frauen» stehen nicht unter dem Schutz, den der Moralkodex der Kultur gibt. Meine Kleidung ist deshalb vorsichtig gewählt und vergleichbar mit der Kleidung von Türkinnen in meinem Land. Auf der Reise trage ich immer ein Kopftuch. So können wir sehr häufig trampen und lernen nette Fahrer kennen. Volker setzt sich vorsichtshalber immer zwischen mich und den Fahrer. Einen zu engen Kontakt mit einer Frau hätte vielleicht selbst ihr Anstand nicht ertragen.

Kein Problem ist es, daß nur ich Arabisch spreche und mein Ehemann alles von mir übersetzt bekommen muß. Dafür gebe ich gleich zu Beginn eine Erklärung ab. Wir wären auf der Hochzeitsreise, und nach Beendigung meines Vertrages im Jemen ginge ich nach Afrika, um dort mit ihm zu leben. Jetzt würde er das Land kennenlernen, in dem seine Frau arbeitet. Die Geschichte mit der Hochzeitsreise erklärt auch gleich, warum wir – trotz unseres Alters – noch keine Kinder haben.

Weil ich so glücklich bin, strahle ich sicher eine Offenheit und

Freundlichkeit aus, die Jemeniten sehr mögen. Meine Verhandlungen um Preise sind mit sehr viel Humor und Charme gespickt, und wir bekommen die besten Preise, werden oft umsonst mitgenommen und häufig eingeladen. Zum Schluß verbringen wir noch ein paar Tage in Gadima, bevor Volker abreisen muß.

Mit ihm unternehme ich auch eine Fahrt in das Dorf unseres Hauswirts und stelle ihn dort als meinen Bruder vor. Dadurch geraten wir gleich mit vielen Männern des Dorfes in ein Gespräch. Sie sind sehr gastfreundlich und führen uns über die Hirsefelder zu den Dattelpalmhainen. Wir werden auch in verschiedene Lehmhochhäuser eingeladen, die auf dem Land noch traditioneller eingerichtet sind als in einem größeren Ort. Das Dorf liegt versteckt hinter einer Kette schwarzer Lavaberge. Von weitem vermutet man dahinter kein fruchtbares Tal. Doch ist erst der Kamm der Berge erreicht, blickt man auf eine langgezogene grüne Oase landwirtschaftlicher Produktion.

Nach unserem Spaziergang durch das Dorf herrscht plötzlich eine erregte Stimmung, die ich mir nicht erklären kann. Unser Gastgeber erklärt mir, daß einige Kinder aus unserem Auto ein paar Kekse und Kassetten genommen hätten. Sie forschen aufgebracht nach den Kindern, die die Gastfreundschaft verletzt haben. Ich versuche sie zu beruhigen, weil die gestohlenen Sachen keinen großen Wert haben. Aber es ist nicht der materielle Schaden, über den sie so erregt sind. Für sie ist ein uraltes Gebot verletzt worden. Ein Gast steht unter dem Schutz der Gemeinschaft, die ihn beherbergt. Früher war dies bei den ständigen Stammesauseinandersetzungen ein sehr wichtiger Grundsatz. Die Gastfreundschaft ist eng mit der Ehre gekoppelt, und nur ein ehrloser Mensch bestiehlt seinen Gast.

Wir werden dem Sohn des Scheichs vorgestellt, der in Abwesenheit des Vaters die Sache in die Hand nimmt. Hier im Dorf gilt noch das Stammesrecht, und keiner käme auf die Idee, die Polizei oder Gerichtsbarkeit der Regierung in Anspruch zu nehmen. Sie regelten ihre Probleme selber nach altem Stammesrecht, hatten sie mir vorher erklärt, und nun erleben wir ein Beispiel davon.

Der Sohn des Scheichs, Abdalla, führt uns in sein Haus und bewirtet uns mit Tee. Während wir Tee trinken, bringen die Männer einige Kassetten, die sie den Kindern wieder abgenommen haben. Für die Kekse wollen sie uns Geld geben, was wir ablehnen und sagen, sie sollen die Kekse als ein Geschenk für die Kinder betrachten und sie nicht bestrafen.

Beim Tee setzen sich die beiden alten Frauen der Familie unverschleiert zu uns, damit der Anstand gewahrt bleibt und ich nicht allein mit den Männern sein muß. So bekommt Volker wenigstens alte Frauen zu sehen. Die jungen darf er nicht betrachten, und ich werde allein zu den jungen Mädchen und Frauen geführt. Abdalla begleitet mich und stellt mir seine junge Frau vor, die mich sofort herzlich begrüßt. Sie erklärt mir, daß sie sehr in Sorge wegen der Gesundheit ihres Kindes ist. Es liege mit einer unbekannten Krankheit im Krankenhaus und sei vom bösen Blick getroffen, weil die Ärzte nicht herausfinden könnten, was ihm fehlt.

Abdalla nimmt an der Unterhaltung zwischen mir und seiner Frau teil. Auf dem Rückweg nach Gadima begleiten uns die beiden ein Stück, weil sie zu ihrem Kind ins Krankenhaus fahren. Zum Abschied gibt mir der Scheichsohn noch seinen Namen und spricht eine generelle Einladung in sein Haus aus. Wenn sie demnächst einmal Hochzeit im Haus hätten, dann würde er uns abholen.

Schon drei Tage später klopft er in Gadima an unsere Haustür und verlangt meinen Bruder und mich zu sprechen. Da Volker und auch einer meiner männlichen Kollegen im Haus ist, bitte ich ihn herein. Er sitzt eine ganze Zeit in meiner Mafrasch mit uns zusammen, trinkt Tee und unterhält sich mit uns. An der Tür erwähnte er noch etwas von einer Hochzeit, jetzt ist davon keine Rede mehr. Er hatte nur einen Vorwand gesucht, einmal in unser Haus zu kommen, und fühlt sich sichtlich wohl. Seine Kalaschnikow, die er wie jeder Gabili (Stammesmann) immer bei sich trägt, hat er lässig neben sich auf die Matratze gelegt.

Als ich schließlich in den Unterricht muß, verläßt er uns.

Nachdem Volker abgereist ist, erscheint er noch mehrmals an unserer Tür. Immer zu Zeiten, in denen ich in der Schule bin. Die Frau meines Kollegen erklärt ihm, daß mein Bruder nicht mehr da ist und er mich deshalb auch nicht besuchen könne. Nach Landessitte eine sehr einfache Logik, doch er gibt nicht auf und verlangt immer wieder laut nach mir. Er ist zu weit gegangen; den Namen einer Frau vor ihrer Haustür laut zu rufen, kann den Ruf der Frau sehr schädigen, und das kann ich wegen meines Unterrichts nicht riskieren.

Von einem Bruder unseres Hauswirts erfahre ich, daß Abdalla mich als Zweitfrau heiraten will und sogar bereit wäre, seine erste Frau zu scheiden, damit ich ihn heirate. Ich bin entsetzt, daß ein freundliches Gespräch schon wieder soviel ausgelöst hat.

Schließlich trifft er mich selbst an, und ich erkläre ihm an der Tür, daß seine Besuche und sein Rufen mich und die Frau meines Kollegen geängstigt hätten.

Er wisse doch, daß ich ihn nicht mehr hereinbitten könne, seit mein Bruder abgereist ist. Sein Verhalten wäre nicht anständig.

Tief gekränkt in seinem Stolz als Mann sieht er mich an, und in seinen schönen Augen steht Trauer und Verliebtheit geschrieben. Ob er mich wirklich geängstigt hätte, will er noch einmal wissen und bedauert, als ich es bejahe. Er würde nicht wiederkommen, verspricht er mir, denn er wolle mir auf keinen Fall Angst machen. Fast möchte ich ihn trösten, aber ich bemühe mich, hart zu bleiben, und er steigt, sein Maschinengewehr hinter sich herziehend, wieder in seinen Geländewagen. Danach habe ich ihn nicht mehr gesehen.

Immer wieder setzt meine Freundlichkeit und mein Aussehen die Phantasie der Männer in Gang. Sie sehen mich und finden mich schön, weil sie keine Vergleichsmöglichkeit mit den schönen Frauen ihrer Kultur haben. Diese sind fremden Blicken stets verborgen. Die Erotik liegt in der Luft und kann doch nicht ausgelebt werden. Ihre Heiratsanträge sind eine Kaschierung ihrer sexuellen Wünsche, deren Erfüllung jedoch – so gebietet es die Achtung ihrer kulturellen Werte – nur in der Ehe möglich ist. Deshalb auch die vielen verschiedenen Versuche, mich zur Heirat zu veranlassen. Ob es nun die Frauen sind, deren Hauptthema sich darum dreht, mich zu verheiraten und zur Muslima zu bekehren; oder ob es die bis zu mir durchgedrungenen Heiratsüberlegungen sind, die von den Männern kommen. Sie haben keine Vorstellung davon, wie unterschiedlich westliche Frauen leben, denken und fühlen, und können sich deshalb auch die Konflikte nicht ausmalen, die aus einer solchen Ehe entstehen müßten.

Dem Koran nach sollte es möglichst keine unverheirateten Menschen geben und die Sexualität der männlichen Jugend möglichst früh in eheliche Bahnen gelenkt werden. Geschiedene und verwitwete Frauen sollten möglichst erneut verheiratet werden, damit sie versorgt sind und einen Beschützer haben. Deshalb wird es auch als sinnvoll angesehen, daß ein Mann mehrere Frauen heiraten kann. Stirbt zum Beispiel der Bruder, kann er die geerbte Frau noch zusätzlich heiraten, und sie braucht nicht von ihren Kindern fort zurück zur Familie ihres Vaters.

Das Wort für «ledig» taucht in der arabischen Grammatik, die nach

Wortstämmen gegliedert ist, unter dem Stamm auf, in dem auch körperliche Gebrechen eingeordnet sind. So fühle ich mich manchmal, wenn sie mit mir reden: Irgendein großzügiger Mann müsse sich doch finden lassen, der mich von diesen körperlichen Gebrechen befreit.

Daß ich diesen Zustand zur Zeit gar nicht verändern möchte, ist in dieser Kultur nichts als eine exotische ausländische Theorie.

Ein anderer Fall von Heiratsantrag wurde mir durch Chalid, Cherias Vater, übermittelt. Da ich die Familie oft besuche und dabei auch manchmal mit Chalid rede, war Chalid in den Augen des Bewerbers zu einer väterlichen Autorität für mich geworden. Der heiratswütige Mann durfte mich nicht direkt fragen, weil das dem Anstand widersprochen hätte. Eine Zwickmühle, die mir bestimmt einige Anträge, erspart hat. Cherias Vater leitete den Antrag an seine Frau Hassiba weiter, die ihn mir auf einem Frauennachmittag unterbreitete. Der Mann bot Geld, soviel ich haben wollte, und ein Auto wollte er mir kaufen. Er hatte mich häufiger in unserem Dienstauto durch Gadima fahren sehen und wollte mir damit einen besonderen Gefallen tun.

Jemenitinnen aus Gadima fahren niemals Auto. In der Hauptstadt tauchen mittlerweile die ersten Frauen am Steuer auf. Sie schlagen ihre beiden oberen Chiffontücher zurück und haben so einen Augenschlitz frei für den Straßenverkehr.

Obwohl alle wissen, daß westliche Frauen keinen Brautpreis kosten, würden sie nie einen ernst gemeinten Heiratsantrag stellen, ohne eine Morgengabe anzubieten. Dieses nicht zu tun würde in ihren Augen einer Mißachtung der Frau gleichkommen, und eine solche Frau könnten sie nicht heiraten.

Die verschiedenen Verheiratungsgeschichten häuften sich, je bekannter ich wurde, und besonders, nachdem ich erzählt hatte, daß mein Vertrag bald abgelaufen sei.

Mein Schuldirektor hatte sich eine ganz geschickte Transaktion ausgedacht, um mich zu behalten. Nachdem vorsichtige Anfragen bei mir zu keinem Ergebnis geführt hatten und ich eine lange Diskussion mit dem Schulrat, der aus mir eine Muslima machen wollte, erfolgreich abgeblockt hatte, mußten sie sich etwas Neues überlegen. Wenn ich schon keine Muslima werden wollte und auch keinen Jemeniten möchte, so sollte ich doch wenigstens meinen neuen deutschen Kollegen heiraten. Diese Theorie kam vom Schuldirektor, der meinen Kollegen in ein Gespräch darüber verwickelte. Er bot sich auch an, das Geld für den Brautpreis aufzutreiben, falls der Entwicklungshelfer nicht flüssig sei. Was das Verheiratungskomitee allerdings nicht wußte, war, daß mein Kollege mit Pea zusammen war, was natürlich ein Geheimnis bleiben mußte, um keinen Ärger mit der örtlichen Moral zu bekommen. Mein Kollege redet sich heraus, daß ich viel zu teuer sei. Für mich lägen schon viel zu hohe Angebote vor.

Solche Diskussionen erforderten von mir immer äußerste Diplomatie, weil ich diese von ihrer Religion überzeugten Menschen nicht mit meiner Meinung vor den Kopf stoßen wollte. Sie sind schließlich noch nie im Ausland gewesen und können nicht ermessen, was ihre Anträge und Überlegungen für mich bedeuten. In ihren Augen ist der Islam die einzig wahre Religion, alles andere tun sie mitleidig ab. Jemand wie ich, der die arabische Sprache spricht und auch etwas im Koran lesen kann, ist in ihren Augen fast ein Ignorant, wenn er sich nicht zum Islam bekehren läßt. Das einzige Argument, mit dem ich dagegen ankam, war der Hinweis, daß ich als gehorsame Tochter nicht gegen die Weisung meiner Familie verstoßen wolle. Darauf konnten sie meist nichts mehr sagen, weil der Gehorsam einer Tochter gerade in ihrer Religion eine so große Bedeutung hat.

Mein Abschied von Gadima rückt immer näher. Ich plane, anschließend zu Volker nach Afrika zu reisen, und freue mich schon sehr darauf.

Besuche bei den Frauen

Manchmal liegen längere Zeiträume zwischen meinen Besuchen bei einzelnen Freundinnen. Ich schaffe es nicht, sie alle so oft zu besuchen, wie sie es sich wünschen. Je enger befreundet, desto häufiger möchten sie mich sehen, am liebsten jeden Tag. Wenn sie es auf arabisch ausdrücken, klingt es noch fordernder, dann heißt es, «kullu sa'a» (jede Stunde) müsse ich kommen.

Diese Ansprüche leiten sich aus ihrem engen Familienleben ab, wo alle immer zusammen sind, die zusammen gehören, und Nachbarinnen, erst recht Freundinnen, jeden Tag kurz sehen, weil sich ihre Freundschaften meist im kleinen Umkreis ihres Hauses bilden, den sie zu Fuß erreichen können. Meine Freundinnen aber sind über die ganze Stadt verteilt, und die Familie des Scheichs lebt in Behran, über 300 km entfernt.

Als ich wieder einmal bei Arua vorbeikomme, erfahre ich, daß es nun soweit ist und sie erneut verheiratet wird. Der Bruder hat seinen Militärdienst beendet und seine Frau zu seiner Mutter gebracht. Die fünfzehnjährige Braut erwartet auch schon ihr erstes Baby.

Jetzt kann Arua verheiratet werden, was dann gleich einen Teil des Brautpreises für den jüngeren Bruder Aruas einbringen wird. Der jüngere Bruder ist inzwischen auch beim Militär, und die beiden Söhne des Hauses haben Aruas Ehe vermittelt. Der Bräutigam ist ein Kollege von ihnen aus der Armee. Er ist wohlhabend und verdient gut als Berufssoldat. Für Arua bezahlt er 23 000 DM, obwohl sie ein geschiedenes Mädchen ist. In der Mafrasch stehen Koffer mit Kleidern und auch Schmuck von dem Anteil, den Arua aus dem Brautpreis erhält.

Zu ihrem Hochzeitstag komme ich wieder und esse mit den Frauen. Arua ist wunderschön zurechtgemacht, geschminkt, bemalt und gekleidet, wie es sich für eine Braut gehört. Da ich sie gut kenne, sehe ich auch ihre Angst und innere Unruhe unter der Schminke. Wieviel sie von dem Mann weiß, frage ich sie. Nicht viel, nur daß er ein guter Freund der Brüder ist und nett sein soll.

Zwar möchte sie gern heiraten, weil der Status eines geschiedenen Mädchens auf Dauer nicht erstrebenswert ist, doch die Unsicherheit und Angst vor der Zukunft stehen ihr ebenfalls im Gesicht geschrieben.

Die Feier ist klein, weil die Familie nicht reich ist. Nur enge Verwandte und Freundinnen verbringen die letzten Stunden mit ihr, bevor sie nach Sanaa gefahren wird, wo der Bräutigam sie erwartet. In das Gespräch der Frauen wird sie. nicht mit einbezogen, sondern thront auf einem Stuhl, während alle Besucherinnen auf der Erde um sie herum hocken. Eine Braut zeichnet sich durch stille Würde aus. Nur mit mir redet sie ein wenig, weil ich eine Ausländerin bin und ihre Freundin. Da kann sie eine Ausnahme machen, die von allen akzeptiert wird.

Dann wird sie in den schwarzen Scharschaff gekleidet und verabschiedet sich von uns. Sie küßt alle Frauen, die ihr nahestehen, und hat Tränen in den Augen, als sie ihren Chiffonschleier herunterschlägt und den Brüdern in das bereitgestellte Auto folgt. Eine ihrer Freundinnen kann sie begleiten und einige Tage bei ihr in Sanaa bleiben, um ihr die Angst zu nehmen.

Nach ein paar Wochen darf sie zu ihrer Mutter zurückkommen und ein paar Tage zu Besuch bleiben. Ihre Brüder versprechen, mich zu informieren, wenn sie wieder da ist. Zwischendurch besuche ich Aruas Freundin Hafida aus der Neustadt, von der ich erfahre, daß sie tatsächlich schon wieder schwanger ist. Es ist ihre fünfte Schwangerschaft. Drei Kinder leben, eines ist nach der Geburt gestorben. Das letzte Kind, bei dessen Geburt sie aufhörte, in meinen Unterricht zu kommen, ist inzwischen ein Jahr und vier Monate alt. Auch dieses Mal hat sie es nicht geschafft, sich im Krankenhaus die Pille zu besorgen, bevor sie erneut schwanger wurde. Sie erklärt mir, sie hoffe auf einen Jungen. Dann habe sie zwei Jungen und zwei Mädchen und ihr Mann wäre erst einmal zufrieden. Danach könne sie dann für eine längere Pause die Pille nehmen. Würde es aber wieder ein Mädchen, müsse sie noch einmal schwanger werden. Ein einziger Junge sei nicht genug, weil Kinder zu leicht sterben. Ihr Mann wünsche sich aber auch noch eine Tochter, weil er Mädchen gern hat, meint sie, Allah würde es ihr schon so geben, wie es das richtige sei.

Da ihre Familie sehr konservativ ist, wird sie wohl noch viele Kinder austragen und gebären müssen, obwohl es ihr jedes Mal nicht gut dabei geht. Und in ein paar Jahren wird sie wie eine alte Frau aussehen, denn schon heute haben die fünf Schwangerschaften sie gezeichnet.

Nach drei Wochen klopft es an meiner Tür, und Aruas Bruder ist da, um mich über ihren Besuch im Elternhaus zu informieren. Er zeigt auf den im Auto Sitzenden, der verschämt lächelt, und erklärt mir, dies sei Aruas Mann. Er sieht nett aus und ist ungefähr 30 Jahre alt. Arua ist inzwischen einundzwanzig geworden. Am Nachmittag versammeln sich die Frauen bei Arua zum Frauentreff (Tafrita), weil sich alle über ihren Besuch freuen, sehen und hören wollen, wie es ihr geht. Es wird viel Qat gekaut, und die Wasserpfeife brennt gluckernd dazu. Arua ist in eines ihrer neuen Kleider und den Hochzeitsschmuck gekleidet, den sie von jetzt ab immer auf den Frauennachmittagen tragen wird. Sie macht einen glücklichen Eindruck, trotz der Informationen, die sie inzwischen über ihren Mann hat und die von den Frauen eifrig diskutiert werden. Er ist schon mit einer anderen Frau verheiratet und hat mit ihr zwei Kinder. Da sie sich weigert, mit ihm in die Hauptstadt zu ziehen, heiratete er Arua und brachte sie in die Wohnung nach Sanaa. Arua freut sich über das freiere Leben in Sanaa und genießt die Möglichkeiten, die sie als Frau dort hat. Sie kann selbst einkaufen, hat mehr Bewegungsfreiheit und kann eventuell weiter in eine Alphabetisierungsschule gehen. Das Problem war allerdings, daß er die erste Frau nicht über seine Heiratspläne informiert hat und ihre Zustimmung nicht eingeholt hat.

Aus Sanaa zurückgekehrt, muß er feststellen, daß seine erste Frau mit den Kindern zu ihrer Familie zurückgekehrt ist – eine sehr verbreitete Reaktion, wenn ein Mann eine weitere Frau heiratet. Der Ehemann bemüht sich dann um seine erste Frau und muß ihr die gleichen Geschenke machen wie der neuen Frau. Meistens gelingt es ihm auch, die Erstfrau und die Kinder zurückzuholen, und so wird es auch im Fall von Aruas Ehemann ablaufen. Kritisiert wird von den Frauen, daß er die erste Frau nicht informiert hat. Arua hingegen sagt, das sei eben so bei ihnen, ein Mann habe das Recht, mehrere Frauen zu heiraten. Strahlend erzählt sie auch, daß ihr Mann seine erste Frau ebenfalls sehr liebt. Er ist eben ein guter Mann.

Hafida ist ärgerlich über Aruas Kritiklosigkeit. Wie Arua sich denn fühlen würde, wenn ihr Mann «auf sie drauf» noch eine Frau heiraten würde. Damit wäre Arua nicht einverstanden, gibt sie zu, Zweitfrau zu werden sei gut, aber zu erleben, wie eine weitere Ehefrau genommen wird, sei schmerzlich. Sie wolle auf jeden Fall die letzte sein, die ihr Mann heiratet.

Hafida nimmt diese Angelegenheit auch persönlich, weil es gut sein kann, daß ihr jugendlich gebliebener Ehemann eines Tages eine zweite Frau heiratet, weil Hafida durch die vielen Schwangerschaften früh gealtert ist. Ihre Kinder werden sie davor schützen, daß sie geschieden wird, doch wird sie sich damit auseinandersetzen müssen, daß sie eines Tages durch eine Zweitfrau ergänzt wird. Dann liegt es an ihr, ob sie sich damit abfindet, den hohen Status der Erstfrau zu haben und bei den Kindern zu bleiben, ohne daß der Mann sie noch oft zum Beischlaf aufsucht, oder ob sie die Scheidung verlangt und als geschiedene Frau in ihr Elternhaus zurückkehrt. Ihre Kinder gehören ihrem Mann.

Sind die Frauen etwas älter und eine neue Verheiratung wäre nach einer Scheidung nicht mehr zu erwarten, dann finden sie sich schneller mit einer Wiederheirat ihrer Männer ab. Viele sind sogar erleichtert, endlich von ihren nächtlichen Pflichten entlastet zu sein. Junge Frauen sind meist impulsiver und verlangen leichter nach Scheidung. Die erste Frau von Aruas Ehemann ist noch jung, und es kann sein, daß ihre Familie sie unterstützt, wenn sie die Scheidung verlangt.

Bei der Diskussion um ihren neuen Mann nimmt Arua ihn gegenüber den Frauen bereits in Schutz. Nach drei Wochen hat sie Loyalität und Zuneigung zu ihm entwickelt. Es gefällt ihr, in Sanaa zu leben. Ihr Mann hat sie bei der Familie seines Bruders untergebracht. Sie hat bereits Freundinnen in Sanaa gefunden, die sie in die dortige Frauengemeinschaft einführen.

Die Frauen kümmern sich sofort um eine Neue. Sie sind sehr neugierig auf neue Menschen, aber sie können auch niemanden in seiner Einsamkeit und Fremdheit belassen. So etwas entspräche nicht ihren kulturellen Werten. Auch ich hatte diese Art des gegenseitigen Kümmerns und Einbeziehens am Anfang sehr herzlich erlebt, als ich neu nach Gadima kam.

Aruas Kinder werden alle lesen und schreiben lernen, und vielleicht wird eine ihrer Töchter sogar eine weitergehende Ausbildung in Sanaa erhalten. Aber auch in Gadima füllen sich die Mädchenschulen sichtbar. Die Töchter der Mädchen und Frauen, die ich heute unterrichte, werden es schon etwas leichter haben.

Bei einem anderen Frauennachmittag treffe ich Huria, die Tänzerin, wie immer grell geschminkt und übertrieben lustig. Sie sitzt zusammen mit Feisa, die immer verbitterter wird. Beide haben gemeinsam, daß sie geschieden sind und nur geringe Chancen für eine Wiederverheiratung sehen. Beide befinden sich in sozialen Stellungen, die für jemenitische Frauen nicht sehr erstrebenswert sind. Sie verbringen ihre Zeit auf Frauennachmittagen und klatschen über die Ehen der anderen Frauen. Heute ziehen sie über die jüngere Amathalmalik – Chadijas Schwester – her, die ihrer Meinung nach den Ehemann nicht richtig versorgt. Amathalmalik hat das Glück, mit einem aufgeschlossenen Mann verheiratet zu sein, der ihr oft die Tochter abnimmt, damit sie auf Frauenfeste gehen kann, und der ihr nach der kleinen Tochter ein paar Jahre ohne weitere Schwangerschaften ermöglicht, weil die Siebzehnjährige noch nicht sehr reif ist. Feisa und Huria wünschen sich insgeheim auch einen solchen Ehemann und sind deshalb neidisch auf Amathalmalik.

Wie wird das Leben dieser beiden Frauen weitergehen? Vielleicht werden sie als Zweitfrau an einen älteren Mann verheiratet, oder sie bleiben alte Jungfern in den Häusern ihrer Eltern. Die einzige Abwechslung ihres Lebens wird es dann sein, auf Frauennachmittagen über das Leben anderer zu reden, Qat zu kauen, zu tanzen und Wasserpfeifen zu rauchen.

Solange ihre Brüder noch nicht verheiratet sind oder deren junge Frauen noch wenig Erfahrung haben, werden sie im Haushalt noch eine wichtige Rolle spielen. Je älter sie aber werden, desto mehr werden sie ins Abseits geraten, und irgendwann sind sie nur noch eine alte Tante im Haus. Was soll ich diesen beiden Frauen für die Zukunft wünschen? Noch gibt es für solche Frauen in Gadima keine Möglichkeit, sich außer Haus durch Berufstätigkeit Bestätigung zu holen.

Für die etwas gebildete Feisa schien sich eine Möglichkeit durch weitere Schulbildung abzuzeichnen, doch bislang ist sie nur sehr halbherzig dabeigewesen. Inzwischen versucht sie die letzte Adadiklasse (neuntes Jahr) erfolgreich abzuschließen, um dann die Sekundarschulbildung beginnen zu können. Nach Abschluß der Sekundarschule bestünde die Möglichkeit, sie als Alphabetisierungslehrerin einzusetzen. Doch dafür braucht sie mehr Durchhaltevermögen, als sie es bislang hatte, und vor allem die Zustimmung ihres konservativen Vaters.

Da es noch keine Altersbegrenzung im Grundschulsystem gibt, kann sie diese Überlegungen auch noch etwas später anstellen. Vielleicht findet sie einen Ausweg. Huria kann kaum lesen und schreiben und hat während meiner Zeit kurz an einem Alphabetisierungskurs teilgenommen. Das war ihr jedoch zu anstrengend, und sie brach ihn wieder ab. Für sie ist Bildung kein Ausweg.

Noch gibt es für Frauen kaum sinnvolle Alternativen zur Ehe und

Familie, um ihre Versorgung sicherzustellen. Erst wenn sie mehr Chancen für eine Berufstätigkeit haben, wird es auch eine relative Unabhängigkeit von der Familienstruktur geben.

In dem letzten Schuljahr lernte ich viele neue Familien durch den Unterricht kennen. Besonders im konservativen ältesten Stadtteil, in dem sich die zweite Unterrichtsküche befindet.

Nach der Schule fragen die Schülerinnen oft, ob ich sie kurz besuche, und ich folge ihnen gern in die schönen alten Lehmhochhäuser, die sie mir von innen zeigen. Der Stadtteil fällt aber zunehmend zusammen, und oft erzählen mir die Mädchen, daß der Vater oder große Bruder außerhalb ein neues großes Betonhaus für die Familie baut und sie irgendwann ausziehen werden.

Im alten Stadtteil flogen mir zu Beginn meiner Arbeit in Gadima Steine hinterher, die die Kinder mir genauso wie den Touristen nachwarfen. Die Leute empfinden Touristen als neugierige Eindringlinge und sind besonders ärgerlich über deren Fotografiergebaren. Wenn die Kinder diesen Fremden Steine nachwerfen, lachen die Erwachsenen darüber. Sie freuen sich sehr über Fotos von sich selbst, die sie geschenkt bekommen, aber sich einen Apparat zu kaufen und den islamischen Grundsatz, nach dem das bildliche Darstellen von Menschen verboten ist, zu durchbrechen, so weit würden die meisten Jemeniten nicht gehen.

Wenn ich heute durch dieses Viertel laufe und Besuche in den alten Häusern mache oder Besucher durch den Teil führe, um ihnen die geschnitzten Holztüren und verzierten Fassaden zu zeigen, fliegen keine Steine mehr. Dafür ruft es aus allen Ecken meinen Namen. Die Einladungen sind so zahlreich, daß ich schon ganz energisch ablehnen muß.

Manchmal nimmt mich ein kleines Mädchen an die Hand und läßt nicht mehr los, bis ich ihr folge. Ihre Mutter möchte mich schließlich auch einmal kennenlernen. In anderen Häusern war ich doch auch schon, jetzt müsse ich auch einmal zu ihnen kommen.

Das Gesprächsthema, wer ich bin, läuft mit den Kindern schneller die Gassen entlang, als ich folgen kann, und überall strecken die Frauen und großen Mädchen ihre Köpfe aus den kleinen Fenstern. Sie winken mir zu und rufen mich zum Tee herein. Wenn ich die Einladung nicht annehmen kann, weil ich auf dem Weg zu jemand anderem bin, halten wir kurz auf der Straße ein kleines Gespräch über unsere gegenseitige Gesundheit und unser Wohlbefinden, über die Ehe und die Kinder.

Wenn die Frauen dabei ihre Babies im Arm halten, fange ich gleich ein Gespräch über Babyernährung und Babyversorgung mit ihnen an. Manchmal geht es ihren Babies schon eine ganze Weile nicht gut, und mein Rat ist ihnen Anstoß, um endlich ins Krankenhaus zu gehen.

Bei Nabila sehe ich häufig kurz hinein, weil sie eine komplizierte Handoperation hinter sich hat. Vor einigen Monaten lernte ich sie im Unterricht kennen, den sie besuchte, bis sie ins Krankenhaus mußte. Sie ist vierzehn Jahre alt und hat eine durch einen Unfall verkrüppelte Hand. Da es die rechte Hand ist, hat sie sehr viel Mühe zu schreiben und auch jetzt erst begonnen, überhaupt etwas zu lernen. Mühsam malte sie die Schriftzeichen mit der linken Hand.

Im Krankenhaus wurden ihr Sehnen und Hautstücke eingesetzt, um eine größere Beweglichkeit der Finger zu ermöglichen, die zusammengewachsen waren. Ihre Eltern haben sich zu dieser Operation entschlossen, damit sie besser zu verheiraten ist. Doch bis dahin ist der Weg noch weit. Die Nahtstellen müssen verheilen, und Nabila muß zu regelmäßigen Handbewegungsübungen in das Krankenhaus.

Die Mutter und Nabila freuen sich jedes Mal, wenn ich komme oder Grüße bestellen lasse. Auf den zahlreichen Frauennachmittagen treffe ich häufiger eine Schwester Nabilas.

Es gibt viele Kinder in diesem Haus, weil der Vater mit zwei Frauen verheiratet ist, die in Häusern nebeneinander wohnen. Nabilas Mutter brachte zehn Kinder zur Welt, von denen zwei nicht überlebten. Die zweite hat fünf Kinder, sechs sind ihr gestorben. Es wird nicht mehr allzulange dauern, bis Nabila verheiratet wird, obwohl sie das energisch von sich weist. Wenn Nabila erklärt, sie würde niemals heiraten, dann macht ihre Mutter nur geheimnisvolle Zeichen, daß Nabila das gar nicht zu entscheiden habe und sich schon fügen werde, wenn die Hand erst einmal geheilt sei. Sie wird dann nicht mehr zur Schule gehen und außer den wenigen Schriftzeichen, die sie mit der linken Hand zu malen gelernt hat, keine weiteren lernen. Doch in ihr ist der erste Funke für Bildung entstanden, und sie wird versuchen, für ihre Töchter einen Schulbesuch zu erreichen. Als ich von ihnen Abschied nehme, lege ich der Mutter ans Herz, Nabila weiter zur Alphabetisierung zu schicken, sobald die Hand geheilt ist. Sie verspricht es unter der Voraussetzung, daß der Vater zustimmt und Inschaallah (Allah es so will). Die Mutter schenkt mir zum Abschied ein Körbchen, das in ihrem Dorf weit hinter den Bergen hergestellt wurde und das mich an sie erinnern soll. Ich müsse ihnen schreiben, verlangen sie, obwohl sie gar nicht lesen können, doch der kleine Sohn kann lesen und wird ihnen sagen, was ich geschrieben habe.

Nabila sagt mir zum Abschied, was ich jetzt noch oft hören muß und was meinen Abschiedsschmerz verstärkt: «Geh nicht, besuche deine Heimat und komm zurück, hier lieben dich viele Menschen, ist das denn bei dir zu Hause auch so? Das kann nicht möglich sein. Bleib bei uns, denn wir werden dich sehr vermissen!»

Ihre Liebe ist gebend und fordernd zugleich und wirkt sehr erdrückend. Sie lieben, wie Männer oder Frauen bei uns ihren Partner lieben und dann verlangen, daß er sich verändert und ihrem Idealbild entspricht. Weil sie mich lieben, soll ich mich weiter verändern und meine westliche Lebensweise und meine Freiheiten aufgeben.

Diese Art der Liebe ist mir zu fordernd. Doch es gibt auch andere, die für mich wünschen, daß ich glücklich werde, und loslassen können.

Vom halben Mond zum halben Herzen

Bei einem Besuch meiner deutschen Vorgesetzten in der Bildungsbehörde erkläre ich, daß ich meinen Vertrag nicht weiter verlängern werde.

Dabei ist auch ein Mann aus dem religiösen Adel anwesend, der in der Bildungsbehörde der heutigen Regierung arbeitet und meinen Weg vom ersten Tag an verfolgt hat. Er strahlt eine natürliche Würde und Autorität aus, die er aus dem Bewußtsein seiner Abstammung vom Propheten zieht: er ist ein Sayid aus dem «Beni Haschemi» (Stamm der Propheten). Er hat meinen Weg immer mit Sympathie verfolgt und symbolisch geschützt, eine Tatsache, die in Gadima noch große Bedeutung hat. Jemand, der die konservativen Kreise gegen sich aufbringt, könnte in dieser Stadt nicht lange arbeiten. Wenn ich in seine Familie eingeladen wurde, hielt er sich immer zurück; selbst in seinem eigenen Haus hätte er nie mit mir und seinen Frauen zusammen gegessen. In seiner Sippe sind – wie in anderen konservativen Familien – Männer und Frauen strikt getrennt.

Unser Kontakt beschränkte sich auf wenige Arbeitsgespräche in der Behörde, wo er mir und meiner Kollegin Pea immer große Achtung erwies, obwohl es für ihn sehr schwer gewesen sein muß, das erste Mal in seinem Leben gleichberechtigten Kontakt zu fremden Frauen zu haben.

Als ich damals meine Arbeit aufnahm, machte er mir durch einen Dolmetscher klar, daß er hoffte, wir würden irgendwann in der Lage sein, uns auf arabisch zu verständigen. Danach erlebte er Schritt für Schritt mit, wie ich meine Arbeit aufbaute, sah meine Fehlschläge und Erfolge und hörte über seine Frauen und männlichen Bekannten, wie ich im Ort zunehmend beliebt wurde. Vor allem stellte er bei jedem Treffen meine wachsenden Sprachkenntnisse fest. Jetzt zum Abschluß können wir uns über alles auf arabisch unterhalten, obwohl meine Sprache grammatisch nicht einwandfrei ist. Meine Lehrerinnen waren schließlich die ungebildeten Frauen und Mädchen Gadimas, und ich spreche heute eben wie sie.

Als er erfährt, daß meine Zeit beendet ist, bedauert er das sehr. Er lobt mich gegenüber meinen deutschen Vorgesetzten, beschreibt, wie ich mit den Frauen umgehe und wie mich die Frauen lieben. Sie wollen nicht irgendeine Nachfolgerin, sie wollen mich behalten.

Doch als er merkt, daß das alles nichts nützt und meine Entscheidung gefallen ist, gibt er mir eine Geschichte mit tiefer arabischer Symbolik mit auf den Weg, an die ich in den letzten Tagen oft denke. Er erklärt, ich könne ruhig gehen, aber er wüßte genau, daß mein halbes Herz in Gadima bliebe. Das hätte ich hier verloren.

Er hat recht und spürt genau, wie schwer mir der Abschied trotz meiner Entscheidung und logischen Abwägungen fällt. Ich weiß, daß ich Sehnsucht nach meinen Freundinnen und ihrer Welt haben werde, und gebe zurück, daß wir Menschen mit halbem Herzen arm dran wären, aber ich trotzdem gehen würde. Er besinnt sich einen Moment und bestärkt dann das Ganze mit einem geheimnisvollen Lächeln durch seine Erzählung: Sie hätten das schon einmal gehabt, damals sei auch jemand mit halbem Herzen gegangen, und am Tag seiner Abreise habe es auf seinen Kopf geregnet. Daraufhin sei eine Trockenheit über das Land hereingebrochen, und es hätte erst wieder geregnet, als es den Leuten gelungen sei, den mit dem halben Herzen zurückzuholen.

Der Regen ist hier sehr wichtig, in dieser Wüste, die nur dort fruchtbar ist, wo sie bewässert wird. Wenn es lange nicht regnet, stirbt die Fruchtbarkeit. Seit ich in dieser Region lebe, waren alle Regenzeiten sehr kurz, und der Regen floß nur spärlich. Die Menschen waren deshalb in großen Gruppen betend und singend in die Wüste gezogen und hatten Allah gefragt, warum er sie mit Trockenheit bestrafte.

In dieser Regenzeit, kurz vor meiner Abreise, regnet es das erste Mal extrem viel. Es ist die längste und stärkste Regenperiode, die ich in Gadima erlebte.

Es sind nur noch drei Wochen bis zur Abreise, und ich hoffe die ganze Zeit, trockenen Kopfes aus Gadima abreisen zu können, damit der Regen nicht versiegt.

Auch mein Schuldirektor versucht ein letztes Mal, mich davon zu überzeugen, daß eine Ehe mit einem Jemeniten schön für mich sein könnte. Ein Mann, der seine Frau sehr liebe, würde ihr auch viele Freiheiten gewähren, ergänzt er, während er mich verliebt ansieht. Ich ahne, wen er inzwischen als Heiratskandidaten für mich im Kopf hat, und lenke das Gespräch auf seine Frau, die einen so guten Ehemann hat, daß er ihr Freiheiten gewährt. Er ist verblüfft, weil ich ihn so falsch verstanden habe.

Während der letzten Wochen und Tage gehe ich zu allen Familien, um Abschied zu nehmen und ein letztes Mal mit ihnen zu reden. Sie trösten sich mit der Idee, daß ich in mein Land gehe, um dort erneut zu heiraten. Sonst würde ich sie nicht verlassen, sagen sie, ich hätte sie doch so gern. Ich habe eine Heirat zwar nie als Grund genannt, aber irgendwann gab ich es auf zu widersprechen. Sie folgen mir zum Abschied bis an die Tür und sehen mir nach, als ob sie mich mit Blicken festhalten möchten. Ich gehe in meine Freiheit, und sie kehren zurück in ihr Lehmhochhaus, in ihre von außen nicht sichtbare Welt.

Kurz betrete ich auch den Laden des Hausherrn der Familie, weil er mir bestellen ließ, er würde mich gern zum Abschied noch einmal sprechen. Obwohl er sonst ein sehr zurückhaltender «Sayid» ist, läßt er sich zum Abschied zu sehr herzlichen Bemerkungen und Gesten hinreißen, die er mir für meine Zukunft mit auf den Weg gibt. Zum Abschied nimmt er meine Hände in seine Hände - in konservativen Kreisen eine verbotene intime Geste – doch beim Abschied ist diese Regel außer Kraft gesetzt. Er will mir als Ausländerin die Verbundenheit seiner Familie demonstrieren und drückt es mit arabischer Symbolik aus. Er erklärt, er kenne zwar mein Haus nicht und habe auch in seinem Haus nie viel mit mir reden können, weil sich das nicht schickt, aber ich müsse eines zum Abschied wissen. Sein Haus sei meinem Haus in Vergangenheit und auch in Zukunft immer sehr verbunden. Auch er geht selbstverständlich davon aus, daß ich Gadima verlasse, um zu heiraten, und das wünsche er mir auch. Er spricht mit mir wie ein Bruder, genauso liebevoll zart, wie ich ihn mit seinen zahlreichen Schwestern sprechen sah.

Ob ich mir etwas wünsche, bevor ich auf die Reise gehe, fragt er mich, und ich nutze die Gelegenheit für seine Schwestern und seine Tochter. Er würde mich glücklich machen, wenn er seine Tochter nach der sechsten Klasse weiter zur Schule gehen ließe und seine Schwestern nur an wirklich gute Ehemänner verheiraten würde. Er verspricht, es zu versuchen, doch ich weiß, wie sehr er selbst auch an seine Traditionen gebunden ist.

Die letzten beiden Tage verbringe ich mit meinen besten Freundinnen. Chadija hilft mir, indem sie die Frauen und Mädchen zu sich in die Mafrasch holt. Sie ist wirklich erneut schwanger und hat große Angst, zum dritten Mal ein Kind zu verlieren.

Meine Wohnung ist inzwischen genau so leer wie die Schulräume. Alles war verpackt, verstaut oder weggeschickt.

Zu Hafida und Aruas Mutter gehe ich extra in die Neustadt, weil sie den Weg in die Altstadt nicht machen dürfen. Aruas Mutter sitzt mit der inzwischen hochschwangeren jungen Schwiegertochter und einer alten Frau vor dem Fernseher. Bald wird Arua wieder einmal eine Woche bei ihr verbringen dürfen, berichtet sie glücklich. Sie vermißt ihre Tochter sehr und hat zu der Schwiegertochter noch kein so vertrautes Verhältnis wie zu ihrer Tochter.

Die Mutter zieht aus einem Versteck einen großen Beutel wertvoller Rosinen, die sie mir mit auf die Reise gibt. Wenn jemand verreist, dann muß er Geschenke und Erinnerungen mitnehmen. Kommt er zurück, dann bringt er Geschenke mit, wie ich es jedes Mal nach meinem Urlaub auch getan hatte. Doch dieses Mal kann ich nur versprechen, nach zwei bis drei Jahren einmal im Urlaub zu ihnen zu kommen, und sie küßt mich mit Tränen in den Augen. Sie wird für mich beten und hoffen, daß Allah mir einen Mann und gesunde Kinder gibt.

Arua sehe ich nicht mehr, doch von Hafida erfahre ich, daß Arua sehr glücklich mit ihrem Mann ist. Man vermutet, sie sei bereits schwanger.

Hafida ist noch aufgeregter als Aruas Mutter und beschwört mich bei Allah zu bleiben. Hätte sie mich nur nie kennengelernt, sagt sie und macht mir das Herz noch schwerer, dann müßte sie jetzt nicht so traurig sein, weil ich ginge. Ich müsse ihr unbedingt schreiben, und vor allem wiederkommen. Ihre Augen folgen mir, und ich sehe sie noch vor mir, als die Hofpforte sich schon lange zwischen uns geschlossen hat und ich auf dem Weg zurück in die Altstadt bin.

Meine Freundin Cheria ist zurück aus Sanaa. Sie will in der Geborgenheit der Heimatstadt die Sekundarschulprüfung ablegen. Die Prüfungsbögen sind landesweit die gleichen, und deshalb kann sie sich zur Prüfung, die zu Beginn des Ramadan stattfindet, in eine Klasse der Adadi-Schule (siebte bis neunte Klasse) setzen.

Die Schülerinnen sind erbost darüber, daß die Prüfungswoche zu Beginn des Ramadan ist, weil sie sich hungrig und müde fühlen werden. Doch der Ramdan verschiebt sich jedes Jahr um vierzehn Tage nach rückwärts. So ist irgendwann die gesamte Schulzeit im Ramadan.

Da Cherias Freundin Malika inzwischen unglücklich verheiratet ist, kann sie nicht mehr an den Prüfungen teilnehmen, und Cheria lernt zusammen mit zwei anderen Mädchen. Über diese ersten Sekundarschulmädchen wird viel geredet, darum stehen die drei unter besonderem Druck, die Prüfung zu bestehen.

Ich frühstücke in den letzten Tagen häufig mit Cheria, und wir reden so offen wie noch nie miteinander. Sie möchte so viel wissen über das Leben in meiner Welt. Ist es wahr, daß wir Freunde haben, mit denen wir leben, ohne verheiratet zu sein, oder stimmt es, daß es in meinem Land nicht selbstverständlich ist, daß jemand in jedem Haus mit Gastfreundschaft aufgenommen wird, daß die Menschen in meinem Land isoliert nebeneinanderher leben, die Frauen keine Frauennachmittage haben und Nachbarn sich nicht kennen? Sie denkt über so vieles nach und beginnt, ihr Leben in die eigenen Hände zu nehmen. Keine der Frauen und Mädchen, die ich sonst kenne, hat philosophische Gedanken wie Cheria. Sie vergleicht Kulturen, wägt ab und akzeptiert unsere Andersartigkeit, so wie sie erlebt, daß ich ihre akzeptiere.

Sie wünscht sich, daß sie für ihr Land auch eine freiwillige Entwicklungshelferin sein kann, wie ich es war. Sie sieht die Mängel im Schulsystem und möchte etwas für die Bildung der Mädchen tun. Wenn Allah es so will und sie ihre Prüfung schafft und die Eltern dann wirklich noch zustimmen, wird sie nächstes Jahr auf die Universität gehen. Schafft sie die Prüfungen jedoch nicht, dann wird ihre Energie nach einem besonders schweren Bildungsweg erschöpft sein. Ihre Eltern werden sich schämen und die Geduld verlieren. Einen zweiten Versuch gibt es für sie nicht. Die Alternative, die auf sie wartet, ist die Ehe mit ihrem Cousin. Cheria kennt ihre Chance, aber es ist eine riesige psychische Belastung, die sie im Moment durchlebt. Sie steht nach dem Frühgebet zum Sonnenaufgang auf und beginnt zu lernen. Vom Frühstück um zehn Uhr bis zum Nachmittagsgebet um drei Uhr hilft sie der Mutter im Haushalt. Danach lernt sie weiter bis in die Nacht. Sie ist sehr mager geworden und kann kaum essen. Doch ich bin davon überzeugt, daß sie es schaffen wird, und das sage ich ihr zum Abschied auch.

Am Tag meines Abfluges beginnt ihre Prüfungswoche. Ich verspreche, auf dem Weg zu meinem Bruder nach Afrika an sie zu denken und ganz fest zu hoffen, daß sie die Prüfung besteht. Darüber ist sie sehr froh, weil sie meint, Allah höre auf die Reisenden besonders. Bei aller Offenheit, mit der wir darüber sprechen, daß ich in meinem Land nicht heiraten will, jedoch einen Freund haben möchte, kann ich doch nicht ganz offen sein und ihr erzählen, daß der Besucher damals nicht mein Bruder, sondern ein Freund war, und daß ich nun zu ihm fliege. Schließlich ist es aber auch nicht wichtig, ob es nun ein Bruder oder Freund ist. Ich fliege zu jemand, den ich gern habe, und darüber freut sie sich mit mir. Sie versteht, daß ich gern reise und andere Länder kennenlerne, und träumt davon, einmal als Studentin nach Europa zu reisen.

Wir bleiben schriftlich in Kontakt, und sie wird weiterlernen, damit sie mir eines Tages auch auf englisch schreiben kann, falls ich Arabisch verlernen sollte, versprechen wir uns. Sie verspricht, daß sie mir immer mitteilen wird, wenn sie eine weitere Hürde überstanden hat. Sie wird mir schreiben oder meinem Foto sagen: «Gisela, jetzt habe ich den Sekundarschulabschluß, jetzt bin ich auf der Universität, jetzt habe ich geheiratet, jetzt arbeite ich trotzdem», so plant sie es für ihre Zukunft. Immer wenn sie Kraft benötigt, wird sie an mich denken, weil ich ihr jetzt auch oft Kraft gegeben hätte.

Am Nachmittag sehen wir uns noch einmal kurz bei Chadija und ihren Schwestern. Chadija ist nicht mehr weit vom Geburtstermin entfernt, und die Chance, daß sie endlich ein Baby austragen kann, ist groß. Ihr Ehemann benimmt sich vorbildlich rücksichtsvoll ihr gegenüber, berichtet sie mir. Er darf nicht mehr mit ihr schlafen, weil das eine Frühgeburt bewirken könnte, und er hält sich daran. Vielleicht hat er ein schlechtes Gewissen wegen der letzten Frühgeburt. Vielleicht liebt er Chadija aber wirklich und wünscht sich das Kind genauso wie sie.

Inzwischen habe Carima, die Braut, eine kleine Tochter geboren, erfahre ich noch, und beide seien gesund. So ist Feisa Tante geworden.

Von den Freundinnen, die zu meinem Abschied gekommen sind, höre ich, wer von meinen Schülerinnen nach dem Ramadan verheiratet wird. Es sind sehr viele, so daß die geplante Sekundarschulklasse wohl mangels Teilnehmerinnen nicht zustande kommt.

Gemeinsam kauen wir Qat, das ich zum Abschied besorgt habe.

Nachdem die Dämmerung hereingebrochen ist, sind meine Freundinnen gegangen. Chadija und ihre Schwester schmieren mir ein letztes Mal Henna auf meine Hände, damit ich noch lange auf meiner Reise an sie denke. «Neksch»-Bemalung möchte ich nicht mehr, weil das in Afrika niemand kennt. In Gadima kann ich mich durchsetzen, doch beim Abschied von der Scheichfamilie in Behran, bekomme ich doch noch Neksch. Ohne diesen Schmuck wollen sie mich nicht reisen lassen.

Zuerst wird das Henna auf die Handinnenflächen aufgetragen. Da ich meine Hände nicht mehr benutzen kann, muß Cherias alte Mutter Hassiba mir die Tränen abwischen, während Chadija und Cheria mich an je einer Hand hennaern. Hassiba selbst weint auch und wischt mit ihrem Rock abwechselnd meine und ihre Tränen fort. So sei es im Leben, schluckt sie, die am meisten geliebt würden, die müßten am meisten leiden. Vielleicht denkt sie dabei auch an ihre Ehe mit Chalid.

Am nächsten Morgen verlasse ich Gadima mit frischen roten Hennahänden und vielen Abschiedsgeschenken. Es regnet nicht vom Himmel, nur aus meinen Augen und denen der Freundinnen.

Nachdem ich mit soviel Liebe und Segnungen aus Gadima entlassen worden bin, erfuhr ich an meinem letzten Tag in der Hauptstadt auch die brutale Kehrseite des Zusammentreffens von westlicher und arabischer Welt. Ein Taxifahrer verfolgte mich in einer einsamen Wohngegend Sanaas, weil er mich als westliche Frau für leicht verführbar hielt. Neben mir herfahrend und mich eindeutig einladend, ließ er nicht locker. Alle arabischen Tadel, die traditionelle «Gabili» in Gadima zur Vernunft gebracht hätten, wirkten bei ihm nicht. Seine Meinung über westliche Frauen stand fest, gebildet durch den Kontakt mit Touristinnen, die leicht bekleidet in der Hauptstadt herumlaufen. Ich wurde wütend über so viel Frechheit und drohte, einen Stein auf sein Taxi zu werfen. Erschreckt gab er Vollgas und fuhr davon. Doch an der nächsten Ecke wendete er seinen Wagen und fuhr mit Vollgas auf mich zu. Die Tatsache, daß ich als Frau ihm Angst gemacht hatte, rechtfertigte es in seinen Augen, brutal zurückzuschlagen. Seine Ehre und sein Stolz waren angegriffen worden.

Es war mir unmöglich auszuweichen, weil die Straße breit und von Mauern begrenzt war. In dieser Neubausiedlung waren die meisten Häuser noch nicht bewohnt, und kein Mensch war zu sehen, der mir hätte helfen können. So stand ich wie gelähmt und sah ihm wutschäumend in die Augen, als er auf mich zugerast kam. Irgend etwas sagte mir, daß er eine große Beule in seinem Auto nicht riskieren würde. Wegzulaufen hätte mir auch nicht viel genützt, dann hätte er auch noch das Vergnügen gehabt, mich die Straße entlang zu jagen. Mein Verhalten verwirrte ihn schließlich so, daß er wenige Meter vor mir abbog und ich mit einen Satz zur Seite sprang. Dann war er verschwunden, und unter der Wut kam meine Angst zum Vorschein. Niemand hätte ihn gesehen, wenn er mich umgefahren hätte und geflohen wäre. Mir zitterten die Knie, und ich kann diesen Haß und die

Verachtung gegenüber Frauen nicht vergessen, die genauso gegenwärtig sind wie Zuneigung und Achtung, die ich in Gadima erfahren habe. Wäre ich eine Muslima, würde ich denken, daß Allah mir dies Erlebnis am letzten Tag geschickt hat, um mir den Abschied vom Jemen zu erleichtern.

Schließlich sitze ich im Flugzeug. Mein Körper verläßt dies Land, aber meine Gedanken folgen mir nicht und weilen noch lange bei meinen Freundinnen und in der arabischen Welt.

Nach einigen Monaten erhalte ich Briefe von Cheria und Chadija und anderen Freundinnen. Cheria hat ihre Prüfung geschafft und Chadija ihr erstes Kind, einen kleinen, gesunden Jungen, zur Welt gebracht.

Wir sind ein Stück unseres Lebens zusammen gegangen und haben voneinander gelernt. Mein weiteres Leben kann ich nicht in ihrer Welt verbringen, weil ich dort nicht hingehöre.

Ich bin gegangen, weil ich mich durch die enge, emotionale Bindung, die ich zu den Menschen suchte, zu sehr auf ihre Lebensweise eingelassen hatte. Je mehr Kontakt ich zu ihnen hatte, desto mehr erwarteten sie, daß ich mich ihnen anpasse und eine von ihnen werde. Niemals möchte ich ihre Nähe und ihren Kontakt missen, doch mir ist auch klar geworden, daß jemand auf mehr Distanz zu ihnen westlicher leben kann. Die Aufgehobenheit, die Nähe und Zuneigung, die ich durch meine Freundinnen erfahren habe, wird man dann allerdings in dieser Intensität nicht erleben können.

Für eine begrenzte Zeit waren mir meine westlichen Freiheiten nicht so wichtig wie ihre Zuneigung und das Kennenlernen ihrer Welt und ihrer Kultur. Doch auf längere Zeit hätte ich so nicht leben können, ohne durch Frustration blind und gefühllos gegenüber Land und Leuten zu werden. Solche westlichen Menschen waren mir zu oft begegnet, und ich ging, bevor ich auch so wurde.

Was habe ich ihnen gebracht?

Neben meinem Unterricht zu Ernährungslehre und Gesundheitserziehung, den sie vielleicht vergessen werden, habe ich die Idee der Frauenbildung einen kleinen Schritt weitergebracht, habe bei einigen Männern die Erinnerung an eine westliche Frau hinterlassen, die – trotz Bildung – anständig in ihrem Sinn war, etwas, was viele Männer nicht für möglich halten. Vielleicht bewirkt es bei einigen Vätern, daß sie aufgeschlossener sind, wenn ihre Töchter zur Schule gehen möchten.

Bei den Frauen habe ich die Erinnerung an das hinterlassen, was eine Frau alles machen könnte, wenn sie durch ihre Kultur nicht so eingeschränkt leben würde. Niemals habe ich die Frauen und Mädchen direkt auf ihre Fesseln angesprochen. Sie sollen sich nicht eingesperrt fühlen, bevor sie nicht in der Lage sind, sich Alternativen zu schaffen. Doch schon meine Anwesenheit und der Austausch, den wir hatten, brachte Gedanken und Vorstellungen in ihr Leben, die weiterwirken werden.

Der Weg ist lang, aber sie werden nicht vergessen und mein halbes Herz hüten, das ich zurücklassen mußte.

Später, in Deutschland, denke ich oft an meine Freundinnen und freue mich über jede Nachricht von ihnen oder über sie, die mich in Briefen erreicht. Von meinen ehemaligen westlichen Kollegen höre ich auch, daß sich die Jemenitinnen danach erkundigen, wie mein Leben weiter verläuft. Einigen schreibe ich arabische Briefe. Nachts träume ich manchmal von ihnen, und das zeigt mir, daß ich noch nicht wieder ganz zu Hause lebe. Auch meine Freunde in Bremen bemerken das und machen mich darauf aufmerksam.

Türkische Frauen mit Kopftuch und Pluderhosen unter dem Rock sind mir so vertraut, weil ich vor kurzem noch selbst so gekleidet war. Fast möchte ich die Türkinnen auf arabisch ansprechen, aber sie verstehen diese Sprache nicht.

Es dauert einige Zeit, bis ich mich ohne Unwohlsein in engen Jeans und mit offenen Haaren auf die Straße traue. Doch dieses für westliche Verhältnisse übertriebene Schamgefühl lege ich bald wieder ab.

Aber mir fehlen die Frauennachmittage und die Nähe, die ich dort erlebte. Einige neue Freunde lerne ich kennen, aber ich muß auch die schmerzliche Erfahrung machen, daß alte Freundschaften beendet sind. Für manche war ich zu lange fort, oder wir haben uns nichts mehr zu sagen. Im Jemen lernte ich, offen auf neue Menschen zuzugehen und mein Leben selbständig zu organisieren. So verhalte ich mich jetzt auch hier und warte nicht darauf, daß andere sich um mich bemühen, sondern ich gehe los und unternehme viel.

Meine Selbständigkeit und Unabhängigkeit als Frau genieße ich nach meinen Erfahrungen im Jemen besonders. Andererseits habe ich von meinen jemenitischen Freundinnen übernommen, mehr auf meine Weiblichkeit zu achten. Das äußert sich nicht nur im stärkeren Schmücken durch Hennafingernägel, Schmuck, Kohol geschwärzte Augen oder Parfum, sondern in mehr Emotionalität. Beziehungen zu anderen Menschen sind mir inzwischen wichtiger geworden als der Terminkalender. Der Faktor Zeit hat noch nicht wieder den Stellenwert in meinem Leben. Noch habe ich Geduld und Ruhe in mir aus dem Jemen, aber wie lange kann ich mir das in meiner Welt bewahren?

Ich genieße die Gegenwart, und Fragen nach meiner Zukunft erscheinen mir unangebracht. Viele Ideen habe ich für meine Zukunft, aber ich plane nicht mehr so fest wie früher. Obwohl mir der Fatalismus der Jemeniten manchmal zu ausgeprägt war, habe ich einen kleinen Teil davon übernommen. Gegen Unabänderliches kämpfe ich nicht mehr, sondern spüre, wie ich diese Energie für Veränderbares nutzen kann.

Viele Gespräche im Jemen wurden über Ehe und Schwangerschaft geführt, und die meisten Segenswünsche bei meinem Abschied aus dem Jemen beinhalteten die Hoffnung, daß ich heirate und Kinder bekomme. Zweieinhalb Jahre in dieser Gedankenwelt hatten auch bei mir eine Sehnsucht nach Familie und Schwangerschaft geweckt. Besonders stark war das Gefühl in der ersten Zeit meiner Rückkehr. Inzwischen, nach fünf Monaten, denke ich nicht mehr so intensiv an diese Wünsche, und meine Gefühle normalisieren sich langsam.

Ein zweites Mal werde ich als Entwicklungshelferin arbeiten und bereite mich auf einen Einsatz in Afrika vor. Wenig hält mich in meiner deutschen Heimat.

Sooft ich gehen werde, meine Erfahrungen im Jemen haben tiefe Eindrücke hinterlassen, deren Ausmaße ich noch nicht alle erfassen kann. Ein paar Diavorträge halte ich über den Jemen, und jedes Mal kann ich danach nicht schlafen. Die Schublade meiner Erinnerungen an den Jemen ist in meinem Kopf dann weit geöffnet.

Das erste Land ist wie die erste Liebe, sagen manche, und ich werde den Jemen ebensowenig vergessen wie den ersten Mann, in den ich verliebt war.

«Vater schrie die Hebamme an und spuckte ihr ins Gesicht, als er hörte, daß das Neugeborene ein Mädchen war. Er verließ das Haus, sein Stolz und seine Männlichkeit waren zutiefst gekränkt. Erst nach zwei Wochen schleppten ihn seine Freunde in betrunkenem, elendem Zustand nach Hause. An diesem Tag schlug er unsere Mutter das erste Mal. Sie jedoch spürte seine Fäuste nicht, weinte vor Freude und war froh, daß er zurückgekommen war. Sie zog ihm die zerlumpten Kleider vom Leib, wusch ihn und legte ihn schlafen.»
(Aus Saliha Scheinhardt, «Träne für Träne werde ich heimzahlen»)

Cheryl Benard / Edit Schlaffer
Das Gewissen der Männer *Geschlecht und Moral - Reportagen aus der orientalischen Despotie*
(frauen aktuell 13015)

Saliha Scheinhardt
Träne für Träne werde ich heimzahlen *Kindheit in Anatolien*
(frauen aktuell 12234)
Die Autorin erzählt von einer Kindheit in Armut, Unsicherheit und bedrückender Enge. Und von den ständigen Ausbruchversuchen, der Sehnsucht nach Freiheit, nach einem eigenen Leben.

Barbara Yurtdas
Wo mein Mann zuhause ist ... *Tagebuch einer Übersiedlung in die Türkei*
(frauen aktuell 5137)

Gisela Frese-Weghöft
Ein Leben in der Unsichtbarkeit *Frauen im Jemen*
(frauen aktuell 5645)
Die Autorin berichtet über ihre dreijährige Tätigkeit als Entwicklungshelferin im Jemen.
Frauen tragen schwer *Vom Alltag der Frauen in Zimbabwe*
(frauen aktuell 12899)

Martha Mamozai
Schwarze Frau, weiße Herrin *Frauenleben in den deutschen Kolonien*
(frauen aktuell 12506)
«Wir waren auch Komplizinnen, Unterdrückerinnen, Herrinnen. Frauen haben, das lehrt diese historische Retrospektive, mitgeschwiegen und mitgemacht - und müssen deshalb heute mitverantworten.»
Martha Mamozai

Awa Thiam
Die Stimme der schwarzen Frau *Vom Leid der Afrikanerinnen*
(frauen aktuell 4840)

«Das Patriarchat besteht ja erst seit 5000 Jahren; was ist das gegen die Millionen Jahre, die die Menschheit schon existiert? Kann es nicht sein, daß wir in dem Moment, in dem wir uns aus dem Patriarchat lösen, Empfindungen und Verhaltensweisen in uns wiederentdecken, die wir Frauen damals gelebt haben?» *Margarethe von Trotta*

Cheryl Benard / Edit Schlaffer
Die ganz gewöhnliche Gewalt in der Ehe *Texte zu einer Soziologie von Macht und Liebe*
(frauen aktuell 4358)
«Die Ideologie der Liebe und die Institution von Männlichkeit und Weiblichkeit verhindern die Erkenntnis, daß die Erwartungen an eheliches Glück von vornherein zum Scheitern verurteilt sind. Enttäuschung und Aggression sind in die Beziehung einprogrammiert.»
Die Autorinnen

Martha Mamozai
Komplizinnen
(frauen aktuell 12405)
Die Autorin erzählt in diesem Buch Geschichten von Frauen, die Gesetzlose, Kolonialistinnen, Nationalsozialistinnen, Terroristinnen gewesen sind - Geschichten, die die Vorstellung, daß dort, wo Frauen herrschen, das Leben anders, besser, friedlicher sei, in Zweifel ziehen.

B. Kavemann / I. Lohstöter
Väter als Täter *Sexuelle Gewalt gegen Mädchen*
«Erinnerungen sind wie eine Zeitbombe»
(frauen aktuell 5250)
Zwei Expertinnen untersuch-

ten den sexuellen Mißbrauch in der Familie und beschreiben darüber hinaus, was sie in langen Einzelgesprächen von den Betroffenen erfuhren.

Theresia Brechmann
Jede dritte Frau *Protokoll einer Vergewaltigung*
(frauen aktuell 12137)

Birgit Kienzle / Maria-Teresa Galluzzo
Frauen gegen die Mafia *Das Gesetz des Schweigens brechen*
(frauen aktuell 12789)
In der von der Mafia beherrschten Männerwelt Siziliens haben Frauen den Kampf gegen die Korruption und das organisierte Verbrechen aufgenommen. Sie wollen ein Leben ohne Terror und Morde und haben erfahren, daß es besser ist, sich dazu auf die eigene Kraft zu verlassen.

Du sollst Kinder achten wie dich selbst. Du sollst ein Kind nichts lehren, woran dir selbst nichts liegt. Du sollst nichts für ein Kind tun, ohne es zu fragen. Du sollst ein Kind nicht anders «machen» wollen, als es ist. Du sollst an der Welt arbeiten, so daß du sie ohne Scham den Kindern übergeben kannst. Du sollst nicht Kinder haben, wenn du dir nicht vorzustellen vermagst, daß sie ein würdiges Leben in ihrer Zeit führen können.
Aus: Hartmut v. Hentig, Zehn Gebote für den Umgang mit Kindern

Marianne Arlt
Alptraum Schule *Aus dem Tagebuch einer Mutter*
(frauen aktuell 12514)
Marianne Arlt, selbst Lehrer-Ausbilderin, hat die ersten vier Grundschuljahre ihres Sohnes in einem Tagebuch festgehalten. Es ist die Geschichte der Lust- und Freudlosigkeit, der Rat- und Hilflosigkeit - auf allen Seiten.

Ingrid Häusler
Kein Kind zum Vorzeigen?
Bericht über eine Behinderung
(frauen aktuell 4524)

Doris Lucke / Sabine Berghahn (Hg.)
Rechtsratgeber Frauen
(frauen aktuell 12553)
Aus dem Inhalt: Rechte bei der Berufsausbildung / Arbeitnehmerinnenrechte / Sexuelle Belästigung am Arbeitsplatz / Schwangerschaft / Mutterschutz / Scheidung / Elterliche Sorge / Alleinerziehende Mütter / Rente / Erben und Vererben

Christine Swientek
"Ich habe mein Kind fortgegeben"
Die dunkle Seite der Adoption
(frauen aktuell 5119)
Die meisten Menschen, die adoptiert worden sind, wissen nicht viel über ihre Mütter, über deren Zwangslage, ihren Verzicht, ihr Bedauern oder Vergessen. Christine Swientek hat nach mehrjähriger Arbeit in einer Adoptionvermittlung ihre Erfahrungen, ihre Kritik, ihre Gespräche mit «abgebenden Müttern» aufgezeichnet.
Wenn Frauen nicht mehr leben wollen
(frauen aktuell 12785)

Heike Mundzeck
«Als Frau ist es wohl leichter, Mensch zu werden» *Gespräche mit Dorothee Sölle, Margarethe von Trotta, Heidemarie Wieczorek-Zeul*
(frauen aktuell 5354)

«Nur wenige unserer Zeremonien können verpflanzt werden. Nur wenige unserer Zeremonien können wir für euch öffnen. Versucht nicht, uns nachzuahmen. Versucht nicht, euch fremde Haut überzustülpen. Es kommt nicht darauf an, ob man Deutscher, Chinese oder Indianer ist, es kommt darauf an, ob man den menschlichen Weg geht und alles nichtmenschliche Leben achtet. »
*Phillip Deere,
Medizinmann der Muskogee*

**Indianische Welten
Der Erde eine Stimme geben**
Texte von Indianern aus Nordamerika. Lesebuch
Herausgegeben von
Claus Biegert
(aktuell 5219)
Der Autor hat in diesem Lesebuch Texte nordamerikanischer Indianer zusammengestellt. Sie zeigen die eigene Welt und die besondere Weltsicht der Ureinwohner Nordamerikas. Der Band enthält auch Texte indianischer Autoren, Stücke aus Erzählungen und Romanen dieser eigenen, bei uns noch kaum bekannten amerikanischen Literatur.

Bahman Nirumand (Hg.)
Die kurdische Tragödie *Die Kurden - verfolgt im eigenen Land*
(aktuell 13075)
Dieser Band analysiert die aktuelle Lage, beleuchtet die politischen Rivalitäten der verschiedenen Kurden-Parteien und vermittelt das nötige Hintergrundwissen zum Verständnis der «Kurdenfrage».

Julian Burger
Die Wächter der Erde *Vom Leben sterbender Völker Gaia Atlas / Großformat*
(aktuell 12988)
Ein mit vielen Fotos ausgestatteter Atlas über die bedrohten Völker der Welt; von den Aborigines Australiens bis zu den Massai-Stämmen Afrikas.

Petra K. Kelly / Gert Bastian (Herausgeber)
Tibet - ein vergewaltigtes Land
Berichte vom Dach der Welt
(aktuell 12474)
Die Herausgeber haben Berichte, Reportagen und Dokumente zusammengestellt, die ein authentisches und aktuelles Bild von Tibet zeichnen und auch die traditionsreiche Geschichte und Kultur des tibetischen Volkes lebendig werden lassen.

«An der Grenze hielten sie mich an. Sie sagten, sie wollen meinen Ausweis. Ich sagte: Mein Ausweis ist in Jaffa, meine Großmutter hält ihn versteckt. Als sie meine Worte hörten, teilten sie sich. Die einen nahmen die Peitsche, und die anderen fragten mich: Wohin? Ich sagte: Nach Palästina. Da rissen sie mich in zwei Hälften. Die eine blieb an der Grenze, die andere wurde von den Armen der Großmutter umschlungen.»
Lied von Marcel Khalife

Michael Sontheimer
Kambodscha – Land der sanften Mörder *Ein Bericht aus Indochina*
(aktuell 12840)

B. Nirumand / K. Daddjou
Mit Gott für die Macht *Eine politische Biographie des Ayatollah Chomeini*
(aktuell 12718)

Bahman Nirumand
Iran - hinter den Gittern verdorren die Blumen
(aktuell 5735)

Rainer Hörig
Indien ist anders *Ein politisches Reisebuch*
(aktuell 5924)

Eine Welt für alle *Lesebuch Dritte Welt*
Herausgegeben von Thomas Becker, Ingke Brodersen und Rüdiger Dammann
(aktuell 12734)
Mit Beiträgen von Mary Benson, Erhard Eppler, Monika Griefahn, Winnie Mandela, Dorothee Sölle und vielen anderen.

Susan George
Sie sterben an unserem Geld *Die Verschuldung der Dritten Welt*
(aktuell 12316)
Der Schuldenbumerang *Wie die Schulden der Dritten Welt uns alle bedrohen*
(aktuell 13216 / März '93)

Gisela Frese-Weghöft
Ein Leben in der Unsichtbarkeit *Frauen im Jemen*
(aktuell 5645)

Hartwig Bögeholz
«Gebt uns Demokratie oder gebt uns den Tod» *China: Das Massaker und die Folgen*
(aktuell 12733)

Freidoune Sahebjam
«Ich habe keine Tränen mehr» *Iran: Die Geschichte des Kindersoldaten Reza Behrouzi*
(aktuell 12139)

rororo aktuell wird herausgegeben von Ingke Brodersen. Ein Gesamtverzeichnis der Reihe finden Sie in der *Rowohlt Revue*. Jedes Vierteljahr neu. Kostenlos in Ihrer Buchhandlung.